Biography of the Author

Jon Drury studied German and Russian (ab-initio) at Queens' College, Cambridge from 1999-2003 and has worked at Sevenoaks School as Head of Russian since January 2007.

He has travelled to Russia on more than 25 occasions, the highlight of which was crossing Russia by the Trans-Siberian railway in autumn 2012. He particularly enjoys Russian lyric poetry and has worked on a number of translations of Pushkin's work into English.

Jon is also an experienced hockey player/coach, a keen guitarist/singer and a committed Christian, and lives near Sevenoaks with his wife and young daughter.

Russian at Sevenoaks

Russian has long been a key part of the languages curriculum at Sevenoaks. Over 100 pupils from Y8 to Sixth Form take the opportunity to uncover the riches of this captivating language and enigmatic culture, as part of one of the largest and most successful school Russian departments in the country. Pupils enjoy smaller than average classes and a unique, challenging and enriching curriculum. Over 85% of pupils achieve A* at GCSE, and a good number of pupils continue to study Russian in some form at university.

We run a study/service trip to Russia each year, with pupils studying at the excellent Derzhavin Institute in St Petersburg. We have also developed links and service projects with a number of partner organisations, including the Moscow-based children's charity 'Maria's Children' and the two 'therapeutic communities' of Kitezh and Orion, which have been extremely rewarding for all concerned.

Our Lower Sixth pupils all take part in a 10km charity run each December, and have raised over £10,000 for our partners in the past 5 years alone. We have also hosted small groups of Russian foster children at the school twice in recent years, in June 2013 and June 2016.

Our aim is not just to help pupils get to grips with this challenging language, but also to foster a deep interest in the culture of Russia, giving pupils the desire and the linguistic tools to set out confidently on their own adventures, getting to know the country and people for themselves as adults.

The motivation behind Quad-Vocab

In my first years of teaching, my classes got by without a vocabulary book. There was nothing that seemed suitable. Pupils could be given the GCSE defined vocabulary lists, but these were often long and unwieldy, with very common words right next to very obscure ones, and had little by way of helpful organisation.

Pupils would often ask 'what vocab should I learn?', and I wanted to create some kind of vocabulary book that indicated (for a given topic) the most basic words, so pupils knew that was where they should start. Having mastered those, they should then proceed to the next level. This essentially is the idea behind Quad-Vocab: creating lists of useful words per topic, and splitting those lists into four sections, graded by difficulty/usefulness.

As a teacher, I would often find myself writing out the same lists on the board month after month with different classes (e.g. irregular short comparatives). We have tried to keep such grammatical groups together as lists within the Quad Vocab book to aid teaching and quick reference in class.

We have also added stress to all words (thank you, Daria Ivanova), and included a frequency vocabulary list based on five years of GCSE papers and scripts (thank you, Y11s 2015). There is also a grammar reference section at the back. We are in the process of adding all sets to Quizlet (thank you, Vitaly Berezhnoi - search for JDD-Rus QV).

The master copy of the book is in Excel, which allows very swift cutting-and-pasting into vocabulary apps, and also for the speedy creation of personalised lists and vocabulary tests.

It has become an invaluable part of how we now teach Russian at Sevenoaks, helping us to differentiate for a range of pupils, and we hope it will prove just as useful for you.

Our Charities

This book was essentially written over two intense months in the summer of 2015, and has since gone through two revisions after two years of use with pupils at Sevenoaks.

This is therefore the Third Edition. Having invested so much time in it, we are keen first and foremost that it simply be used as widely as possible to support Russian language learners in the UK and further afield.

Those who wish to make photocopies of this book for pupils are encouraged to make an annual voluntary donation for a site licence. The suggested amount is £20pa for private tutors, and £50pa for those working in educational establishments. However, we do not want such sums to be prohibitive – if you feel it is too much, please just let us know and donate what you can. Those who donate will also be sent a soft-copy of the master spreadsheet, allowing you to use it to swiftly create Quizlet sets, personalised lists and vocab tests. This will be updated year on year, as new sections are added.

Please contact Jon Drury at **russianquadvocab@gmail.com** for more information.

All proceeds from this book will go into a fund from which we aim to support a range of Russia-related charities.

Russian Quad-Vocab

- 4 levels of difficulty in each section
  (Basics / GCSE / Stretch / Advanced)
- Stress marked on all Russian words
- Grammatical Groupings to aid learning
- Frequency list of commonest GCSE words
- Grammar Reference section

Jon Drury

HEAD OF RUSSIAN, SEVENOAKS SCHOOL

Table of contents содержание

Verbs глаголы

Adjectives прилагательные

Time, quantity and other adverbs время, количество и другие наречия

Phrases фразы

Thank you for supporting our charities with this licenced copy

Personal topics о себе

Local topics об окружении

Global topics о мире

BASIC COMMUNICATION

приве́т	hi	здра́вствуй(те)	hello
		до́брое у́тро	good morning
		до́брый день	good day (afternoon)
		до́брый ве́чер	good evening
		алло́?	hello? (telephone)

как дела́?	how are you?	ну, как?	what's up?
		как жизнь?	how's life?
		как ты пожива́ешь?	how are you doing?
		всё в поря́дке?	Is everything OK?

пло́хо	bad	о́чень пло́хо	very bad
		нехорошо́	not good
		ужа́сно	dreadful
		плохова́то	*rather bad*

норма́льно	OK	непло́хо	not bad
		ничего́	nothing (OK)
		нева́жно	so-so
		так себе́	*so-so*

хорошо́	good, well	кла́ссно!	awesome, fab!
		здо́рово!	awesome, cool!
		кру́то!	awesome, cool!
		потряса́юще	awesome, amazing!
		клёво!	awesome, cool!
		прико́льно!	*awesome, funky!*

как тебя́ зову́т?	what's your name?	как вас зову́т?	what's your name? (pl)
		как Вас зову́т?	what's your name? (polite)
		как ва́ше и́мя?	What's your first name? (pl)
		как Ва́ше и́мя?	What's your first name? (polite)
		как ва́ша фами́лия?	What's your surname?
		как ва́ше о́тчество?	What's your patronymic name?
		как ва́ше второ́е и́мя?	What's your middle name?

меня́ зову́т	I'm called...	я	I am

пока́	'bye	до свида́ния	goodbye
		споко́йной но́чи	goodnight
		до за́втра	see you tomorrow
		до ско́рого	see you soon
		счастли́во	take care
		всего́ до́брого	all the best
		уда́чи!	good luck

Thank you for supporting our charities with this licenced copy

RESPONSES & EXCLAMATIONS

спаси́бо	thank you	пожа́луйста	please (don't mention it)
большо́е спаси́бо	thank you very much	не́ за что!	don't mention it!

да	yes	пра́вда!	that's right!
коне́чно!	of course!	то́чно!	exactly!
обяза́тельно!	without fail!	вот так!	that's it!, like that!
я всерьёз говорю́	*I mean it.*	вот-вот!	*that's it!*

су́пер!	super	класс!	great!
молоде́ц!	well done!	ура́!	hooray!
сла́ва Бо́гу!	Thank God!	вот повезло́!	what luck!

ну, хорошо́	well okay, fine	поня́тно	understood
ну, ла́дно	well okay, fine	(всё) я́сно	OK (I get it)
мне всё равно́	I don't mind	мне без ра́зницы	it makes no difference

пра́вда?	is that true?	не мо́жет быть!	no way!
Бо́же мой!	my goodness!	то́чно?	really?
го́споди!	Good Lord!	уда́чи!	good luck!
ты что, шу́тишь?	*are you joking?*	действи́тельно?	*really?*

извини́(те)!	excuse me!	мину́точку!	Just a moment!
одну́ мину́ту	one moment	прости́(те)!	sorry!
сейча́с!	just a moment!	подожди́(те)…	wait a moment…

нет	no	да нет!	no! (emphatic)
нельзя́!	no! (you mustn't)	не твоё де́ло	none of your business

стоп!	stop!	всё!	that's enough!
ти́хо!	quiet!	молчи́!	stop talking!
осторо́жно!	be careful!	заткни́сь!	shut up!
хва́тит (уже́)!	enough (already)!	переста́нь!	stop it!
мне надое́ло!	I'm tired of it.	кака́я ску́ка	what a bore.
		иди́ к чёрту!	*go to hell!*

идио́т!	idiot!	(како́й) кошма́р!	(what a) nightmare!
(как) жаль!	(what a) shame!	у́жас!	how awful!
блин!	damn!	дура́к!	fool!
жа́лко!	too bad!	дурачо́к!	muppet!
увы́!	*alas!*	чёрт!	*damn!*

ВОПРОСЫ - QUESTIONS

что?	what?	кто?	who?
что, чего́, чему́, чем, чём? (A, G, D , I, P)		кого́, кого́, кому́, кем, ком? (A, G, D , I, P)	

когда́?	when?	как?	how?
где?	where?	како́й/а́я/о́е/и́е?	which?
ско́лько?	how many?	почему́?	why?
куда́?	where to?	заче́м?	why?
отку́да?	where from?	чего́?	why? what for? (colloq)

чей, чья, чьё, чьи?	whose?	како́в / а́ / о́ / ы́?	which, what sort of?

во ско́лько?	at what time? (colloq)	ско́лько вре́мени?	what time is it? (colloq)
в кото́ром часу́?	at what time?	кото́рый час?	what time is it?

COMMON WORDS (SOME / ANY) THAT COME FROM QUESTION WORDS

что-то	something	кто-то	someone
когда́-то	once	как-то	somehow
где-то	somewhere	како́й-то	some
куда́-то	somewhere	почему́-то	for some reason

что-нибу́дь	something, anything	кто-нибу́дь	somebody, anybody
когда́-нибу́дь	some day, ever	где-нибу́дь	somewhere, anywhere
како́й-нибу́дь	some, any		

что-ли́бо	anything (at all)	кто-ли́бо	anyone (at all)

ко́е-где	here and there	ко́е-кто	somebody, some people
ко́е-как	somehow or other	ко́е-что	something, a little

MORE WORDS THAT COME FROM (NEGATED) QUESTION WORDS

ничто́	nothing	никто́	no one, nobody
ничего́	nothing (anything)	никого́	no one (anybody)
ничему́	(to) nothing (anything)	никому́	(to) no one (anyone)
ниче́м	without anything	ни с кем	without anyone
ни о чём	not about anything	ни о ком	not about anyone

никогда́	never (ever)	нигде́	nowhere, anywhere
ника́к	in no way (in any way)	никако́й	no, none, any
никуда́	nowhere, anywhere	ниско́лько	not at all

EVEN MORE WORDS THAT COME FROM QUESTION WORDS

не́чего	**there is nothing (to)**	не́кого	**there is noone (to)**
не́что	something (!!)	не́кто	someone (!!)
нам не о чем говори́ть	*we have nothing to talk about*	ей не с кем говори́ть	*she has no one to talk to*
мне не́чем писа́ть	*I have nothing to write with*	мне не́кому помо́чь	*there is no one for me to help*

не́когда	**there is no time (to)**	не́сколько	**several (!!)**
не́где	there is nowhere (to)	не́куда	there is nowhere (to)

PERSONAL PRONOUNS (see P111 for full tables)

я, меня́, меня́, мне, мной, о́бо мне	I, me, *of* me, *to/for* me, *with/by* me, *about* me
ты, тебя́, тебя́, тебе́, тобо́й, о тебе́	you (sing.), etc...
он, его́, его́, ему́, им, о нём	he/it, him/it, etc...
она́, её, её, ей, ей, о ней	she/it, her/it, etc...
оно́, его́, его́, ему́, им, о нём	it, etc...
мы, нас, нас, нам, на́ми, о нас	we, us, etc...
вы, вас, вас, вам, ва́ми, о вас	you (pl.), etc
они́, их, их, им, и́ми, о них	they, them, etc...

э́то	this	то (, что)	that (which)
всё	everything	все	everyone

себя́, себе́, собо́й, о себе́	oneself, etc...

THE MOST USEFUL WORD EVER? (THE RELATIVE PRONOUN)

кото́р**ый** /ая/ое/ые	who, which, that...

(agrees in number and gender with the noun it refers back to)

(its case depends on its role in its own clause)

PREPOSITIONS

у тебя́ (есть)? (+NOM)	(do) you have?	у (+GEN)	in the possession of
у меня́ (есть) (+NOM)	I (do) have	у меня́ нет (+GEN)	I don't have (any)
в Росси́ю	to Russia	в (+ACC)	to, into
в гольф	(at) golf	в (+ACC)	at (a sport)
в сре́ду	on Wednesday	в (+ACC)	on (a day)
в Росси́и	in Russia	в (+PREP)	in, at
на да́чу	to the dacha	на (+ACC)	to, into, onto
на да́че	at the dacha	на (+PREP)	in, at, on
на гита́ре	(on the) guitar	на (+PREP)	on (an instrument)
на маши́не	by car	на (+PREP)	by (transport)
авто́бусом	by bus	(INSTR)	by (transport)
с бра́том	with my brother	с (+INSTR)	with
с сестро́й	with my sister	со мной	with me
мы с друзья́ми	my friends and I	с тобо́й	with you
мы с семьёй	my family and I	что с тобо́й?	What's up with you?

че́рез (+ACC)	through, after	че́рез полчаса́	in half an hour's time
про (+ACC)	about	сквозь (+ACC)	through

для (+GEN)	for	для того́, что́бы...	in order to
из (+GEN)	from (out of)	и́зо все́х сил	with all one's might
по́сле (+GEN)	after	по́сле того́, как...	after ...ing
от (+GEN)	from (away from)	день о́то дня	from day to day
без (+GEN)	without	быть без ума́ (от)	to be crazy (about)
до (+GEN)	until	до на́шей э́ры	B.C.
о́коло (+GEN)	nearby, next to	о́коло полу́ночи	at about midnight
и́з-за (+GEN)	because of, due to	из-за того́, что...	due to the fact that
с (+GEN)	since, (down) from	ско́лько с меня́?	how much do I owe?
во вре́мя (+gen)	during, at the time of	во́время	in time, on time (adv)

к (+DAT)	towards	благодаря́ (+DAT)	thanks to
по (+DAT)	along, according to, on	по да́нным	according to the data

за (+INSTR/ACC)	behind / for	за грани́цей	abroad
пе́ред (+INSTR/ACC)	ahead, before	пе́ред тем, как...	before ...ing
над (+INSTR/ACC)	above	на́до мной	above me
под (+INSTR/ACC)	under	под влия́нием +GEN	under the influence (of)
ме́жду (+INSTR/ACC)	between	ме́жду на́ми	between ourselves
ря́дом с (+ INSTR)	next to	ряд	row

о, об (+PREP)	about	при (+PREP)	by, when, in the presence of

OTHERS (+GEN)

кро́ме (except), про́тив (opposite), среди́ (amongst), вме́сто (instead of), ра́ди (for the sake of), внутри́ (inside), вне (outside), вокру́г (around), спустя́ (after), ми́мо (past), пре́жде (before), во́зле (near), вдоль (along)

WORDS THAT START OR LINK (CONJUNCTIONS)

и	and	но	but
и́ли	or	а	and, but (rather)
, что	that	, потому́ что	because
, когда́	when	, что́бы	in order to
е́сли	if	поэ́тому	therefore

, чем	than	, как	like, as, how
одна́ко	however	хотя́	although, but
так, как	as, since	пока́	while

кста́ти	by the way, while you're at it	ита́к	(and) so
зато́	but, on the other hand	ина́че	otherwise, or (else)

поско́льку	*because*	причём	*moreover*
ли́бо	*or*	и́бо	*for, because*
впро́чем	*however, but*	ни... ни...	*neither... nor*

GRUNTS AND OTHER NOISES

так...	so...	вот....	so...
ну...	well...	ого́...	oh, ah...
		ага́…	uhuh…

ой!	oh, ouch, gosh!	ох!	oh!
ах!	oh, ah!	фу!	yuck
		о́па!	hey-up (?!)

OTHER PARTICLES (advanced…!)

бы (+PAST)	*(indicates subjunctive)*	ли	whether (yes/no qu.)
всё-таки	nevertheless, still	же	(adds emphasis)
лишь	only	всего́	only, in total
ра́зве	surely not (expect neg)	ведь	after all, you see
хоть	*at least*	бу́дто	as if
вро́де	*like, such as*	сло́вно	*as if*

Basic verbs (and present tense conjugations)

TYPE 1:

-e-
(most -ать and -ять verbs are Type 1. Easy and regular!)

играть	to play	играю, играешь
работать	to work	
думать	to think	
делать	to do	
знать	to know	
понимать	to understand	
читать	to read	
слушать	to listen to	
отдыхать	to relax	
покупать	to buy	
плавать	to swim	
изучать	to study (something)	
обожать	to adore	

TYPE 1b:
(irregular, but constant stem in the present tense)

жить	to live	живу, живёшь
идти	to go (on foot, once)	иду, идёшь
ехать	to go (by transport, once)	еду, едешь
писать	to write	пишу, пишешь
пить	to drink	пью, пьёшь
петь	to sing	пою, поёшь

"TO BE"

быть	to be	*no present tense*
-	I will (be), you will (be)	буду, будешь
есть	there is, there are	*does not decline*

TYPE 2:

-и-
(most -ить and -еть verbs are Type 2. 1st person sing. is usually weird!)

ходить	to go (on foot, *MULTI-DIR*)	хожу, ходишь
ездить	to go (by transport, *MULTI-DIR*)	езжу, ездишь
любить	to love	люблю, любишь
говорить	to speak	говорю, говоришь
смотреть	to watch	смотрю, смотришь
видеть	to see	вижу, видишь
ненавидеть	to hate	ненавижу, ненавидишь
купить	to buy (*perfective*)	куплю, купишь

IRREG:

хотеть	to want	хочу, хочешь, хочет, хотим, хотите, хотят
мочь	to be able to	могу, можешь, может, можем, можете, могут
есть	to eat	ем, ешь, ест, едим, едите, едят
дать	to give (*perfective*)	дам, дашь, даст, дадим, дадите, дадут

REFLEX:
(remove the -ся, then conjugate. Then add -ся after consts, -сь after vowels)

нравиться	To be pleasing (like)	(мне) нравится / нравятся
заниматься	to do (occupy yourself with)	занимаюсь, занимаешься
кататься	to ride	катаюсь, катаешься
учиться	to study	учусь, учишься
	it is situated	— находится
	it is called (places, buildings, etc)	— называется
	it begins	— начинается
	it finishes	— кончается

40 VERY COMMON VERBS AT GCSE

люби́ть / по-	to love, like	быть	to be
нра́виться / по- (+DAT)	to like (to be pleasing to)	есть (INDECL)	there is, there are
пить / вы́пить	to drink	есть / съ- (ел)	to eat
хоте́ть / за-	to want	ему́ хо́чется	he wants
мочь / с-	be able	ходи́ть - идти́ / пойти́ (шёл)	to walk, go (on foot)
помога́ть / помо́чь (+DAT)	to help	е́здить - е́хать / пое́хать	to go (by transport)

ду́мать / по-	to think	игра́ть / сыгра́ть	to play
понима́ть / поня́ть	to understand	чита́ть / про-	to read
знать / у-	to know (find out)	слу́шать / по-	to listen to
де́лать / с-	to do	слы́шать / у-	to hear
жить / по-	to live	покупа́ть / купи́ть	to buy
рабо́тать / по-	to work	писа́ть / написа́ть	to write
говори́ть / сказа́ть	to talk, speak, tell	отдыха́ть / отдохну́ть	to rest, relax
ви́деть / у-	to see (catch sight of)	спать / по-	to sleep
смотре́ть / по-	to watch	рисова́ть / на-	to draw, paint
посеща́ть / посети́ть	to visit (a place)	танцева́ть / по-	to dance
ходи́ть в го́сти к (+DAT)	to visit (a person)	собира́ть / собра́ть	to collect, gather
изуча́ть / -и́ть	to learn, study (something)	гото́вить / при-	to prepare, make, cook
учи́ться / на-	to study	загора́ть / загоре́ть	to sunbathe
станови́ться / стать (+INSTR)	to become	гуля́ть / по-	to walk, wander

SOME COMMON REFLEXIVE VERBS

занима́ться / заня́ться	to do, occupy yourself (with)	интересова́ть(ся) / за-	to be interested (in)
увлека́ться / увле́чься	to be keen (on)	ката́ться / по-	to ride
нра́виться / по- (+DAT)	to like (to be pleasing to)	учи́ться / на-	to study

знако́миться / по-	meet, get to know	встреча́ть(ся) / встре́тить(ся)	to meet
открыва́ть(ся) / откры́ть(ся)	to open	закрыва́ть(ся) / закры́ть(ся)	to close
начина́ть(ся) / нача́ть(ся)	to begin	зака́нчивать(ся) / зако́нчить(ся)	to end

NOT VERBS… BUT VERY USEFUL WITH VERBS… (also see short adjs - section)

мо́жно (+INF)	it is possible	на́до (+INF)	it is necessary
ну́жно (+INF)	it is needed	нельзя́ (+INF)	it is forbidden
возмо́жно (+INF)	it is possible	невозмо́жно (+INF)	it is not possible
необходи́мо (+INF)	it is necessary	пора́ (+INF)	it is time to

до́лжен / а /о / ы (+INF)	should / ought	бы (+PAST TENSE)	would (subjunctive)

дава́й (+1st.p.pl; pf)	let's…	пусть (он/она) (+3rd.p.sing)	let (him/her)…

COMMON VERBS OF MOTION

ходи́ть - идти́ / пойти́ (шёл)	**to walk, go (on foot)**	-	хожу́, хо́дишь	иду, идёшь (шёл, шла)
е́здить - е́хать / пое́хать	**to go (by transport)**	-	е́зжу, е́здишь	е́ду, е́дешь
лета́ть - лете́ть / полете́ть	**to fly**	-	лета́ю, лета́ешь	лечу́, лети́шь
пла́вать - плыть / поплы́ть	**to swim, sail**	-	пла́ваю, пла́ваешь	плыву́, плывёшь
бе́гать - бежа́ть / побежа́ть	**to run**	-	бе́гаю, бе́гаешь	бегу́, бежи́шь, бегу́т
носи́ть - нести́ / понести́	**to carry (wear regularly)**	-	ношу́, но́сишь	несу́, несёшь (нёс, несла́)
води́ть - вести́ / повести́	**to lead (drive)**	-	вожу́, во́дишь	веду́, ведёшь (вёл, вела́)
вози́ть - везти́ / повезти́	to transport	-	вожу́, во́зишь	везу́, везёшь (вёз, везла́)

броди́ть / брести́	*to stroll, take a walk*
гоня́ть / гнать	*to drive (animals), chase*
ката́ть / кати́ть	*to ride*
ла́зать / лезть	*to climb*
по́лзать / ползти́	*to crawl*
таска́ть / тащи́ть	*to pull*

COMMON PREFIXED FORMS OF VERBS OF MOTION

приходи́ть / прийти́	**to arrive, come**	-	в/на (+ACC)	
уходи́ть / уйти́	**to depart, be absent**	-	с (+GEN)	
входи́ть / войти́	**to enter**	-	в (+ACC)	
выходи́ть / вы́йти	**to go out, exit**	-	из (+GEN)	
подходи́ть / подойти́	**to approach**	-	к (+DAT)	
переходи́ть / перейти́	**to cross**	-	через (+ACC)	
заходи́ть / зайти́	**to call, go behind**	-	в/на (+ACC)	at (a place)
		-	к (+DAT)	on (a person)
		-	за (+INSTR)	for (something), behind
доходи́ть / дойти́	to go as far as, reach	-	до (+GEN)	
отходи́ть / отойти́	to step away from	-	от (+GEN)	
проходи́ть / пройти́	to walk past, through	-	мимо (+GEN)	
обходи́ть / обойти́	to go round	-	(+ACC)	
сходи́ть / сойти́	to come (go) down, off	-	с (+GEN)	

OTHER USEFUL VERBS THAT COME FROM PREFIXED VERBS OF MOTION

находи́ть / найти́	**to find**	-	находи́ться	**to be found, situated**
приезжа́ть / прие́хать	**to arrive, come (by transport)**	-	уезжа́ть / уе́хать	**to leave, depart (by transport)**
приноси́ть / принести́	**to bring**		переезжа́ть / перее́хать	**to move house**
проводи́ть	**to lead, spend (time)**	-	переводи́ть / перевести́	**to translate (lead across)**
приходи́ться / прийти́сь (+DAT)	to have to		производи́ть / произвести́	to produce
убега́ть / убежа́ть	to run away, escape	-	избега́ть / избежа́ть	to avoid
происходи́ть / произойти́	*to take place, originate*		разводи́ть(ся) / развести́(сь)	*to divorce*
всходи́ть / взойти́	*to ascend, climb*		заноси́ть / занести́	*to drop off*

THINKING AND FEELING VERBS

предпочита́ть / предпоче́сть	**to prefer**		обожа́ть	**to adore**
ненави́деть / воз-	**to hate**		счита́ть (+ACC/INSTR)	**to consider, count**
по́мнить / вс-	**to remember, recall**	-	забыва́ть / забы́ть	**to forget**
уважа́ть	**to admire**		чу́вствовать /по- (себя)	**to feel, sense**
ве́рить /по- (+DAT)	**to believe**		наде́яться / по-	**to hope, rely**
волнова́ться / за -	to worry		боя́ться / по- (+GEN)	to fear, be afraid
не́рвничать	*to be nervous*		моли́ться / по-	*to pray*
представля́ть / предста́вить себе́	*to imagine*		мне надое́ло +INF	*I'm tired/bored of ___ing*
мечта́ть / по-	*to dream*			

SPEAKING VERBS

спра́шивать / спроси́ть	**to ask, enquire**	-	отвеча́ть / отве́тить	**to reply, answer**
звони́ть / по-	**to ring, call**		разгова́ривать	**to talk, chat**
зака́зывать / заказа́ть	**to order**		опи́сывать / описа́ть	**to describe**
повторя́ть / повтори́ть	**to repeat**		обсужда́ть / обсуди́ть	**to discuss**
объясня́ть / объясни́ть	**to explain**		пока́зывать / показа́ть	**to show**
проси́ть / по-	to ask, request (something)		звать /по-	to call, name
задава́ть / зада́ть вопро́с	to ask a question		называ́ться / назва́ться	to be called
приглаша́ть / пригласи́ть	to invite		расска́зывать / рассказа́ть	to tell
предлага́ть / предложи́ть	to offer, propose		сове́товать / по-	to advise
сообща́ть / -и́ть	*to report, inform*		выска́зывать / вы́сказать	*to express*
крича́ть / кри́кнуть	*to cry, shout, scream*		добавля́ть / доба́вить	*to add*

REACTING VERBS

поздравля́ть / поздра́вить	**to congratulate**		жела́ть (+DAT, +GEN)	**to wish (to you... something)**
пла́кать / за-	**to cry**		серди́ться / рас-	**to get angry**
улыба́ться / улыбну́ться	to smile		крича́ть / кри́кнуть	to shout, scream
благодари́ть / по-	to thank		жа́ловаться / по-	to complain
смея́ться / за- (над)	to laugh (at)		спо́рить / по-	to argue
спаса́ть / спасти́	to save		убива́ть / уби́ть	to kill
жале́ть / по-	*to regret, be sorry for*		извиня́ться / -и́ться пе́ред	*to apologise to*
			извиня́ть / -и́ть	*to forgive, excuse*

GIVING & GETTING VERBS

дава́ть / дать	to give	-	получа́ть / -и́ть	to receive, get
брать / взять	to take (hold of)		принима́ть / приня́ть	to take
дари́ть / по-	to give (a gift)		име́ть	to possess, have
посыла́ть / посла́ть	to send		снима́ть / снять	to take (a photo), to remove, rent
отдава́ть / отда́ть	*to return, give up*			

STAYING AND PUTTING (*intransitive*) STAYING AND PUTTING (*transitive*)

сиде́ть / по-	to sit	-	сажа́ть / посади́ть	to sit (someone), put
лежа́ть / по-	to lie	-	класть / положи́ть	to lay (something), put
стоя́ть / по-	to stand	-	ста́вить / по-	to stand (something), put
остава́ться / оста́ться	to stay, remain	-	оставля́ть / оста́вить	to leave (something... behind)
остана́вливаться / останови́ться	to stop, halt	-	остана́вливать / останови́ть	to stop, halt (somebody)
висе́ть / по-	to hang	-	ве́шать / пове́сить	to hang (something)
ждать / подожда́ть	to wait		держа́ть / по-	to keep, hold

MOVEMENT VERBS

сади́ться / сесть	to sit down		гуля́ть / по-	to walk, wander
ложи́ться / лечь	to lie (down)		путеше́ствовать / по-	to travel
встава́ть / встать	stand (up), get up		спеши́ть / по-	to hurry
отправля́ться / отпра́виться	to set out		возвраща́ть(ся) / верну́ть(ся)	to return
опа́здывать / опозда́ть	to be late			
сле́довать / по-	to follow		пры́гать / пры́гнуть	to jump
направля́ться / напра́виться	to send, direct		дли́ться	to last
поднима́ться / подня́ться	*to ascend*	-	поднима́ть / подня́ть	*to raise*
спуска́ться / спусти́ться	*to descend*	-	спуска́ть / спусти́ть	*to lower*
переса́живаться / пересе́сть	*to change seats/trains*	-	переса́живать / пересади́ть	*to make someone change seats*

BEING, HAPPENING AND SEEMING VERBS

мне ка́жется	it seems to me		быва́ет!	it happens!
как он вы́глядит?	what does he look like?		занима́ет 2-ое ме́сто	is in 2nd place
каза́ться / по-	to seem		быва́ть / по-	to happen, visit
вы́глядеть	to look (like), appear		занима́ть / заня́ть	to occupy, borrow
явля́ться / яви́ться (+INSTR)	to be (formal style)		случа́ться / случи́ться	to happen
существова́ть	to exist, be		происходи́ть / произойти́	to take place, happen, originate
состоя́ть (из)	*to consist (of)*		состоя́ться	*to take place*
ока́зывать(ся) / оказа́ть(ся)	*to turn out, prove (to be)*		каса́ться / косну́ться	*to touch, concern, relate to*
появля́ться / появи́ться	*to appear*	-	исчеза́ть / исче́знуть	*to disappear*

CONTROLLING VERBS

хотеть, чтобы (+PAST)	**to want (somebody else to)**	контроли́ровать / про-	**to control, monitor**
тре́бовать / по- (+GEN)	**to require, demand**	регули́ровать / от-	**to regulate, adjust**
разреша́ть / -и́ть (+DAT)	**to allow**	заставля́ть / заста́вить (+ACC)	**to force, insist**
позволя́ть /позво́лить (+D)	to allow, enable, permit	меша́ть / по- (+DAT)	to hinder, prevent, disturb
		проверя́ть / прове́рить	to check

PLANNING AND DOING VERBS

рекомендова́ть / по-	**to recommend**	плани́ровать / за-	**to plan**
испо́льзовать	**to use**	по́льзоваться / вос-	**to make use of, utilise**
реша́ть / -и́ть	**to decide, solve**	организо́вывать / организова́ть	**to organize, arrange**
иска́ть	**to look for**	выбира́ть / вы́брать	**to choose**
принима́ть / приня́ть уча́стие в	**to take part in**	уча́ствовать / по-	**take part**
замеча́ть / заме́тить	**to notice, note**	стро́ить / по-	**to build**
собира́ться / собра́ться	**to be preparing to**	финанси́ровать	**to finance**
тренирова́ться	**to train, practise**	гаранти́ровать	**to ensure, guarantee**
создава́ть / созда́ть	to create	включа́ть / -и́ть	to include, turn on
служи́ть / по-	to serve	выключа́ть / вы́ключить	to turn off
развива́ть / разви́ть	to develop	публикова́ть / о-	to publish
де́йствовать	to act	относи́ться / отнести́сь к (+DAT)	to relate to
соглаша́ться / согласи́ться	*to agree*	устана́вливать / установи́ть	*to establish, install*
свя́зывать / связа́ть	*to connect, tie together*	обраща́ться / обрати́ться	*to treat, manage, handle*
отка́зываться / отказа́ться	*to decline, refrain from*	расти́ /вы́расти	*to grow, increase*
переставать / переста́ть	*to cease, stop*	представля́ть / предста́вить	*to represent, present*

LIFE VERBS (TRYING, FAILING, maybe CHANGING & perhaps SUCCEEDING VERBS)

стара́ться / по-	**to try, endeavour, strive**	успева́ть / успе́ть	**to manage, have time to**
изменя́ть / измени́ть	**to change (make different)**	изменя́ться / измени́ться	**to change (become different)**
уме́ть	**to know how to**	продолжа́ть / -ить	**to continue, go on**
пыта́ться / по-	**to try, attempt**	про́бовать / по-	**to try (out), taste**
выи́грывать / вы́играть	**to win**	прои́грывать / проигра́ть	**to lose**
отмеча́ть / отме́тить	**to mark, celebrate**	пра́здновать / от-	**to celebrate**
удава́ться / уда́ться	to be successful	мне не удало́сь +INF	I failed to
побежда́ть / победи́ть	to be victorious	достига́ть / дости́чь	to reach, achieve
справля́ться / спра́виться	*to cope (with), manage*	попада́ть / попа́сть	*to hit, get*
здра́вствовать	*hail! long live…*		

GENERAL ADJECTIVES (odd Neuter short forms sometimes also given)

хоро́ший, хорошо́	good	-	плохо́й, пло́хо	bad
большо́й	big	-	ма́ленький	small
интере́сный	interesting	-	ску́чный	boring
но́вый	new	-	ста́рый	old
лёгкий, легко́	easy, light	-	тру́дный	difficult
отли́чный	excellent	-	ужа́сный	terrible
холо́дный	cold	-	жа́ркий	hot
дорого́й, до́рого	expensive, dear	-	дешёвый, дёшево	cheap
весёлый, ве́село	cheerful, jolly		серьёзный	serious
поле́зный	useful, good for you	-	бесполе́зный	useless

вку́сный	tasty		популя́рный	popular
люби́мый	favourite, beloved		ка́ждый	every
ва́жный	important		прия́тный	pleasant, enjoyable
здоро́вый	healthy, robust		до́брый	kind, good
мо́дный	fashionable		изве́стный	well known
молодо́й	young		краси́вый	beautiful

шу́мный	noisy	-	ти́хий	quiet
бы́стрый	fast	-	ме́дленный	slow
чи́стый	clean	-	гря́зный	dirty
междунаро́дный	international	-	ме́стный	local
иностра́нный	foreign	-	наро́дный	traditional, folk
коро́ткий	short	-	дли́нный	long
обы́чный	usual	-	стра́нный	strange
бли́зкий	close, near	-	далёкий, далеко́	far
за́нятый	occupied, busy	-	свобо́дный, свобо́дно	free /unoccupied, (fluently)
совреме́нный	modern	-	старомо́дный	old-fashioned
ра́нний, ра́но	early	-	по́здний	late
про́шлый	last, previous	-	бу́дущий	future, next
после́дний	last, final, recent	-	сле́дующий	next, following
опа́сный	dangerous	-	безопа́сный	safe
просто́й	simple / simpler	-	сло́жный	complicated

прекра́сный	fine, great	у́ютный	cosy, comfortable
удо́бный	comfortable, convenient	огро́мный	huge
высо́кий	high, tall	заба́вный	fun
смешно́й	funny, amusing	све́жий	fresh
ско́рый	quick	друго́й	other, another
вели́кий	great	дома́шний	home, domestic
шко́льный	school	тяжёлый, тяжело́	heavy, hard work
вре́дный	harmful	беспла́тный	free (of charge)
тако́й	such, so	тот же са́мый	the same
не́который	some	мно́гие (+NOM PL)	many
пра́вильный	right, correct	непра́вильный	wrong, incorrect
пра́вда	true (noun)	непра́вда	false (noun)

бога́тый	rich	бе́дный	poor
чуде́сный	marvellous	стра́шный	dreadful
по́лный	full, complete	пусто́й	empty
ли́чный	personal	ча́стный	private
сла́дкий	sweet, sweeter	го́рький	bitter
мя́гкий	soft	твёрдый	hard
ле́тний	summer	зи́мний	winter
се́верный	northern	ю́жный	southern
за́падный	western	восто́чный	eastern
же́нский	female, womens	мужско́й	male, mens

дре́вний	ancient	необходи́мый	necessary
бы́вший	former	ни́зкий	low
гла́вный	chief, main	нового́дний	New Year('s)
городско́й	urban, town	о́бщий	general, common
горя́чий	hot (food/drink)	одино́кий	alone
госуда́рственный	state	остально́й	other, remaining
двенадцатиле́тний	12-year-old	пи́сьменный	written
де́тский	child's, childlike	разли́чный	different, diverse, varied
до́лгий	long, for a long time	ра́зный	different, all kinds of, various
дополни́тельный	additional	ре́дкий	rare
европе́йский	European	росси́йский	Russian (geopolitical)
еди́нственный	only	со́бственный	own
знамени́тый	famous	сове́тский	Soviet
кру́пный	large	сре́дний	average, middle
любо́й	any	суперсовреме́нный	super-modern
моско́вский	Moscow	фрукто́вый	fruit
настоя́щий	genuine, present	це́лый	whole
нау́чный	academic, scientific	це́нный	valuable

вне́шний	*external*	определённый	*definite, specific*
вну́тренний	*internal*	основно́й	*main, fundamental*
вся́кий	*any, every*	осо́бый	*special, particular*
глубо́кий	*deep*	отде́льный	*separate*
да́нный	*given (data)*	подо́бный	*similar*
делово́й	*business*	после́дующий	*subsequent*
еди́ный	*single, united*	похо́жий	*similar*
ино́й	*different, other*	про́чий	*other*
исключи́тельный	*exceptional*	ра́вный	*equal*
коне́чный	*final*	родно́й	*one's own*
кра́йний	*extreme, far*	соотве́тствующий	*corresponding*
ме́лкий	*shallow*	таково́й	*such*
мирово́й	*world*	те́сный	*cramped*
незначи́тельный	*insignificant*	торго́вый	*trading, shopping*
не́кий	*a certain, some*	трудово́й	*labour*
неожи́данный	*unexpected*	у́зкий	*narrow*
обще́ственный	*public*	цифрово́й	*digital*
обыкнове́нный	*ordinary*	широ́кий	*wide*

ЦВЕТА - COLOURS

бе́лый	white	-	чёрный	black
кра́сный	red		зелёный	green
жёлтый	yellow		голубо́й	blue
ора́нжевый	orange		си́ний	dark blue
ро́зовый	pink		се́рый	grey
фиоле́товый	violet		кори́чневый	brown

све́тлый	light	-	тёмный	dark
я́ркий	bright, colourful	-	бле́дный	pale
ры́жий	ginger (hair)		золото́й	gold
ка́рий	hazel (eyes)		сере́бряный	silver
			бро́нзовый	bronze

LANGUAGES

англи́йский	English	ру́сский	Russian (ethnic)
францу́зский	French	америка́нский	American
италья́нский	Italian	испа́нский	Spanish
неме́цкий	German	кита́йский	Chinese
португа́льский	Portuguese	япо́нский	Japanese
ара́бский	Arabic	хи́нди	Hindi

VITALIY'S ADJECTIVES OF THE SOUL (IN USE) :-)

безу́мно краси́вая де́вушка	gorgeous girl	бесконе́чное дома́шнее зада́ние	neverending homework
значи́тельный моме́нт	significant moment	сла́вный па́рень	awesome guy
тро́гательная исто́рия	touching story	сла́вный по́двиг	glorious achievement
неземна́я ра́дость	unearthly joy	небе́сная красота́	heavenly beauty
скры́тая красота́	hidden beauty	бездо́нные глаза́	beautiful (bottomless) eyes
заобла́чная цель	unobtainable goal	эфиме́рное впечатле́ние	fleeting feeling
изве́чный вопро́с челове́чества	eternal question of humanity	ве́чная жи́знь	eternal life
живопи́сный вид	picturesque view	утончённый вкус	refined taste
суще́ственный аргуме́нт	essential argument	о́бразное выраже́ние	figure of speech
беспреде́льная террито́рия Росси́и	boundless territory of Russia	бескра́йная степь	limitless Steppe
безграни́чная грусть	boundless sadness	неизмери́мый океа́н	measureless ocean
досто́йная рабо́та	excellent (worthy) work	поря́дочный граждани́н	decent citizen
су́щностный при́знак челове́ка	essential part of a person	выдаю́щийся сотру́дник	distinguished colleague
вырази́тельное карти́на	expressive picture	сакра́льная ме́сто	a special (sacred) place
таи́нственный челове́к	mysterious person	непостижи́мое лицо́	inscrutable face
боже́ственный план	*divine plan*	мисти́ческий моме́нт	*mystical moment*
многозначи́тельная му́зыка	*meaningful music*	изя́щный та́нец	*graceful dance*
затра́гивающая те́ма	*affecting topic*	куртуа́зное исску́ство	*graceful art*
роско́шный пода́рок	*luxurious present*	грандио́зный собы́тие	*grandiose event*

ADJECTIVAL COGNATES

уника́льный	unique	социа́льный	social
норма́льный	normal, OK	индивидуа́льный	individual
натура́льный	natural	официа́льный	official
оригина́льный	original	центра́льный	central
нелега́льный	illegal	национа́льный	national
специа́льный	special(ist)	федера́льный	federal
идеа́льный	ideal	профессиона́льный	professional
реа́льный	real		
		телевизио́нный	television
электро́нный	electronic	традицио́нный	traditional
прести́жный	prestigious	конкре́тный	concrete, definite
комфорта́бельный	comfortable	моби́льный	mobile
интеракти́вный	interactive	компью́терный	computer
оптимисти́чный	optimistic	типи́чный	typical
класси́ческий	classic	истори́ческий	historical
полити́ческий	political	техни́ческий	technical
экономи́ческий	economic	технологи́ческий	technological
		физи́ческий	physical
челове́ческий	human		
		студе́нческий	student
медици́нский	medical		
олимпи́йский	Olympic	фина́нсовый	financial

SYNONYMS FOR ОТЛИЧНЫЙ

отли́чный	excellent	кла́ссный	cool (colloq)
прекра́сный	lovely	клёвый	awesome (colloq)
замеча́тельный	remarkable	шика́рный	fab (colloq)
невероя́тный	incredible	блестя́щий	brilliant
великоле́пный	magnificent, splendid	увлека́тельный	entertaining, exciting
потряса́ющий	stupendous, fantastic	захва́тывающий	spectacular (gripping)
обожа́емый (мно́ю)	adorable	очарова́тельный	fascinating, charming
превосхо́дный	superior, top-notch	впечатля́ющий	impressive
изуми́тельный	amazing	доставля́ющий удово́льствие	pleasurable, exciting
восхити́тельный	delightful	очарова́тельный	charming
ди́вный	*marvellous*	вели́чественный	*majestic*
возвы́шенный	*sublime*	блиста́тельный	*resplendent (speech, performance)*
завора́живающий	*spellbinding*	услади́тельный	*delectable (entertainment)*
обворожи́тельный	*enchanting*	изы́сканный	*exquisite*

POSSESSIVE ADJECTIVES (see P89 for full declensions)

мой, моя́, моё, мои́	**my**	наш, на́ша, на́ше, на́ши	**our, ours**
твой, твоя́, твоё, твои́	**your, yours**	ваш, ва́ша, ва́ше, ва́ши	**your, yours**
его́	**his, its**	их	**their, theirs, them**
её	**her, hers**	свой, своя́, своё, свои́	**one's (own)**

OTHER ADJECTIVE-LIKE THINGS THAT DECLINE FULLY (see P89)

э́тот	**this**	весь, вся, всё, все	**all, whole**
тот	**that, the**	сам /а́/о́/и	**myself, yourself, himself**
сей	this (archaic)	чей, чья, чьё, чьи?	**whose?**

SHORT ADJECTIVES

откры́т /а/о/ы	**open**	закры́т /а/о/ы	**closed**
прав /а/о/ы	**right, correct**	ра́д /а/о/ы	**happy, pleased**
гото́в /а/о/ы	**prepared, ready**	за́нят /á/о́/ы	**busy, occupied**
уве́рен /а/о/ы	**certain**	сча́стлив /а/о/ы	**happy**
похо́ж /а/е/и (на +ACC)	similar (to)	сыт /а́/о/ы	full (of food)
тако́в /а/о/ы	*such, that sort of (person)*	наме́рен /а/о/ы	*intend*
вели́к /а́/о́/й	too big	мал /а́/о́/ы́	too small

ну́ж/ен /на́/но/ны́	**needed (+DAT)**	до́лж/ен /на́/но́/ны́	**should / ought**
го́лод/ен /на́/но/ны	**hungry, starving**	согла́с/ен /на/но/ны	**agreed, in agreement**
свобо́д/ен /на/но/ны	free, available	благода́р/ен /на/но/ны	grateful
дово́л/ен /ьна/ьно/ьны	**satisfied**	бо́л/ен /ьна́/ьно́/ьны́	**poorly, ill**
уста́л /а/и	**tired (verb!)**		

ADJECTIVAL NOUNS

моро́женое	**ice-cream**	шампа́нское	**champagne**
столо́вая	**dining room**	гости́ная	**living room, lounge**
ва́нная	**bathroom**	выходны́е	**weekend**
живо́тное	**animal**	знако́мый	**friend, acquaintance**
взро́слый	**adult**	учёный	**scientist, academic**
бу́лочная	**bakery**	прохо́жий	**passer-by**
про́шлое	**the past**	бу́дущее	**the future**
выходно́й	day off	рабо́чий	worker
больно́й	patient	лёгкое	lung
вселе́нная	*universe*	ни́щий	*beggar*
запята́я	*comma*	на́бережная	*embankment*
вое́нный	*serviceman, soldier*	насеко́мое	*insect*

IRREGULAR SHORT-FORM COMPARATIVES (MASSIVELY USEFUL)

лу́чше	better	-	ху́же	worse
бо́льше	more, bigger	-	ме́ньше	less, smaller
доро́же	more expensive	-	деше́вле	cheaper
ста́рше	older	-	моло́же	younger
ра́ньше	earlier	-	по́зже	later
ле́гче	easier		про́ще	simpler
да́льше	further	-	бли́же	nearer
вы́ше	higher	-	ни́же	lower
гро́мче	louder	-	ти́ше	quieter
ча́ще	more often	-	ре́же	rarer
бога́че	richer		чи́ще	cleaner
кре́пче	stronger		стро́же	stricter
жа́рче	hotter		сла́ще	sweeter
до́льше	longer (time)		коро́че	shorter
ши́ре	*wider*		у́же	*narrower*
глу́бже	*deeper*		ме́льче	*shallower*
мя́гче	*softer*		твёрже	*harder*
то́лще	*thicker*		то́ньше	*thinner*

, чем	than		(+GEN)	than
намно́го (+COMP)	much _____er		гора́здо (+COMP)	much _____er
немно́го (+COMP)	a little bit _____er		по- (as a prefix)	a bit _____er
чем (COMP), тем (COMP)	the _____er, the _____er		как мо́жно (+COMP)	as... as possible
ещё (+COMP)	even _____er		всё (+COMP)	more and more _____
(COMP) + всего́	...than everything		(COMP) + всех	..than everyone
в два ра́за	(by) two times (e.g. faster)		на три го́да	(by) three years (e.g. older)

LONG-FORM COMPARATIVES (PLUS EIGHT THAT DON'T USE БОЛЕЕ)

бо́лее (+ LONG ADJ)	more		ме́нее (+LONG ADJ)	less
ста́рший	elder, senior		мла́дший	younger, junior
лу́чший	better		ху́дший	worse
бо́льший	bigger		ме́ньший	smaller
вы́сший	higher, highest		ни́зший	lower, lowest

SUPERLATIVES

са́мый (+ LONG ADJ)	the most, the very		в ми́ре	in the world
наи- (as a prefix)	*the most...*		-айший / -ейший (suffix)	*the most...*
наибо́лее (+ LONG ADJ)	*the most*		краси́вейший	*the most beautiful*
наиме́нее (+ LONG ADJ)	*the least*		велича́йший	*the greatest*
наилу́чший	*the best*		ближа́йший	*the closest*

понеде́льник	Monday		в (+ACC)	on (a day)
вто́рник	Tuesday	-	во вто́рник	on Tuesday
среда́	Wednesday		по _____ам	on _____days
четве́рг	Thursday		по воскресе́ньям	on Sundays
пя́тница	Friday			
суббо́та	Saturday			
воскресе́нье	Sunday			

		у́тром	in the morning
вчера́	yesterday	днём	in the afternoon
сего́дня	today	ве́чером	in the evening
за́втра	tomorrow	но́чью	at night

вчера́ у́тром	yesterday morning	у́тро	morning
сего́дня у́тром	this morning	день	day
сего́дня ве́чером	this evening	ве́чер	evening
за́втра ве́чером	tomorrow evening	ночь (f)	night

позавчера́	day before yesterday	послеза́втра	day after tomorrow

янва́рь (m.)	January	ию́ль (m.)	July
февра́ль (m.)	February	а́вгуст (m.)	August
март (m.)	March	сентя́брь (m.)	September
апре́ль (m.)	April	октя́брь (m.)	October
май (m.)	May	ноя́брь (m.)	November
ию́нь (m.)	June	дека́брь (m.)	December

ле́том	in the summer	зимо́й	in the winter
ле́то	summer	зима́	winter
весно́й	in the spring	о́сенью	in the autumn
весна́	spring	о́сень	autumn

секу́нда	second	мину́та	minute
час	hour	день	day
год (го́да, лет)	year(s)	уике́нд	weekend
неде́ля	week	ме́сяц	month
выходны́е (дни)	weekend (days)	век	century, age
десятиле́тие	*decade*	тысячеле́тие	*millennium*

1-ое сентября́	(the) 1st of September
1-ого сентября́	on the 1st of September
Сове́тский Сою́з распа́лся в 1991-ом году́	the Soviet Union collapsed in 1991
Ле́нин роди́лся в апре́ле 1870-го го́да	Lenin was born in April (of) 1870
Пу́шкин роди́лся 6-ого ию́ня 1799-го го́да	Pushkin was born on the 6th of June in 1799
Пу́шкин роди́лся 6 ию́ня 1799.	Pushkin was born on 6 June 1799.

TIME PHRASES (PAST: ancient to recent)

после́дний	**past, last, recent**
про́шлый	**past**
до на́шей э́ры (до н.э.)	*B.C.*

в про́шлом	**in the past**
в после́днее вре́мя	**recently**
в отдалённом про́шлом	*in the distant past*

в 20-ом ве́ке	**In the 20th century**
в про́шлом ве́ке	last century
в после́дние сто лет	*in the past hundred years*
в после́днюю дека́ду	*in the past decade*
в 90-х года́х	in the 90s

в про́шлом году́	**last year**
два го́да (тому́) наза́д	**two years ago**
в после́дние го́ды	in recent years
спустя́ два го́да	two years later

про́шлой весно́й	**last spring**
не́которое вре́мя тому́ наза́д	some time (a while) ago
спустя́ не́которое вре́мя	some time later

в ноябре́	**in November**
в про́шлом ме́сяце	**last month**
в после́дние ме́сяцы	in recent months
За после́дние не́сколько ме́сяцев	*in the last few months*

на про́шлой неде́ле	**last week**
неде́лю (тому́) наза́д	**a week ago**
спустя́ неде́лю	a week later
в после́дние две неде́ли	*in the past fortnight*

в про́шлую суббо́ту	**last Saturday**
в мину́вшие выходны́е	last weekend
про́шлой но́чью	last night
на заре́	*at daybreak*
на рассве́те	*at dawn*
на восхо́де	*at sunrise*

че́рез год /ме́сяц /неде́лю /день /час /мину́ту	**in a year's /month's /week's /day's /hour's /minute's time**

в нача́ле (+GEN)	**at the beginning (of)**
к нача́лу (+GEN)	**by the beginning (of)**

TIME PHRASES (FUTURE: far to near)

бу́дущий	**future, next**
сле́дующий	**next, following**
на́шей э́ры (н.э.)	*A.D.*

в бу́дущем	**in the future**
в на́ши дни	**nowadays**
в на́ше вре́мя	**nowadays**
в отдалённом бу́дущем	*in the distant future*

в 21-ом ве́ке	**In the 21st century**
в бу́дущем ве́ке	in the next century
в сле́дующем столе́тии	*in the next 100 years*
в сле́дующем десятиле́тии	*in the next ten years*

в э́том году́	**this year**
в бу́дущем году́	**next year**
в сле́дующем году́	next (the following) year
в после́дующие го́ды	in the subsequent years

э́тим ле́том	**this summer**
сле́дующей о́сенью	next (the following) autumn
бу́дущим ле́том	next summer

в э́том ме́сяце	**this month**
в сле́дующем ме́сяце	**next (the following) month**
в бу́дущем ме́сяце	next (the following) month
в тече́ние сле́дующих не́скольких ме́сяцев	*in the next few months*

на э́той неде́ле	**this week**
на сле́дующей неде́ле	**next (the following) week**
на бу́дущей неде́ле	next week
в ближа́йшие две неде́ли	*in the next fortnight*

в э́ти выходны́е	**this weekend**
в э́ту суббо́ту	**this Saturday**
в сле́дующие выходны́е	next weekend
в сле́дующее воскресе́нье	next Sunday
в су́мерках	*at dusk, twilight*
на зака́те	*at sunset*
при зака́те	*as the sun is setting*

в конце́ (+GEN)	**at the end (of)**
к концу́ (+GEN)	**by the end (of)**

ЧИСЛО - NUMBER,DATE // ЦИФРЫ - NUMERALS

оди́н, одна́, одно́, одни́	1	-	пе́рвый	1st
два, две, два	2	-	второ́й	2nd
три	3	-	тре́тий	3rd
четы́ре	4	-	четвёртый	4th
пять	5	-	пя́тый	5th
шесть	6	-	шесто́й	6th
семь	7	-	седьмо́й	7th
во́семь	8	-	восьмо́й	8th
де́вять	9	-	девя́тый	9th
де́сять	10	-	деся́тый	10th
оди́ннадцать	11		двадца́тый	20th
двена́дцать	12		два́дцать пе́рвый	21st
трина́дцать	13		тридца́тый	30th
четы́рнадцать	14		сороково́й	40th
пятна́дцать	15		пятидеся́тый	50th
шестна́дцать	16		со́тый	100th
семна́дцать	17			
восемна́дцать	18		ноль (m.)	0
девятна́дцать	19		пол-, полови́на	half
два́дцать	20		че́тверть (f)	quarter
два́дцать оди́н	21		треть (f)	third
два́дцать два	22		полтора́	one and a half
три́дцать	30		о́ба, обе, оба	both
со́рок	40		ноль це́лых, пять деся́тых	0,5
пятьдеся́т	50		одна́ це́лая, четы́ре со́тых	1,04
шестьдеся́т	60		две це́лых, се́мьдесят пять со́тых	2,75
се́мьдесят	70			
во́семьдесят	80		дво́е	two (people)
девяно́сто	90		тро́е	three (people)
сто	100		че́тверо / пя́теро	four / five (people)
две́сти	200		ше́стеро / се́меро	six / seven (people)
три́ста	300			
четы́реста	400		едини́ца	a unit
пятьсо́т	500		дво́йка	a two
шестьсо́т	600		тро́йка	a three
семьсо́т	700		четвёрка	a four
восемьсо́т	800		пятёрка	a five
девятьсо́т	900		шестёрка	a six
ты́сяча	1000		семёрка	a seven
миллио́н	1000000		(трефо́вая) восьмёрка	the eight (of clubs)
миллиа́рд	1000000000		(бубно́вая) девя́тка	the nine of (diamonds)
			(черво́нная) деся́тка	the ten (of hearts)
			вале́т	jack
два (3,4) больши́х стола́	2,3,4 big tables		(пи́ковая) да́ма	the queen (of spades)
две (3,4) чёрные ко́шки	2,3,4 black cats		коро́ль	king
де́сять я́сных приме́ров	10 clear examples		туз	ace

КОЛИ́ЧЕСТВО - QUANTITY

мно́го (+GEN)	a lot of	ма́ло (+GEN)	not much (of)
ско́лько? (+GEN)	how many? how much?	нет (+GEN)	no (there is no…)
немно́го (+GEN)	a little, some	не́сколько (+GEN)	some, several
доста́точно (+GEN)	enough	сто́лько (+GEN)	so many, so much
не́который	some (specific)	мно́гое / мно́гие	many (often +NOM subj)

TELLING THE TIME

КОТО́РЫЙ ЧАС? - WHAT TIME IS IT?

В КОТО́РОМ ЧАСУ́? - AT WHAT TIME?

ско́лько вре́мени?	what time is it? (colloq)	во ско́лько?	at what time? (colloq)
час	one o'clock	в час	at one o'clock
2/3/4 часа́	2/3/4 o'clock	в 2/3/4 (часа́)	at 2/3/4 o'clock
5-20 часо́в	5-12 o'clock	в 5-20 (часо́в)	at __ o'clock
по́лдень	midday	в час но́чи	on in the morning
по́лночь	at midnight	в де́вять часо́в утра́	at nine in the morning
		в два часа́ дня	at two in the afternoon
ро́вно	exactly	в семь часо́в ве́чера	at seven in the evening
почти́	almost	в оди́ннадцать часо́в ве́чера	at eleven at night
полвторо́го	half past one (!)	в полпя́того	half past four (!)
полови́на пе́рвого	half past twelve (!)	в полови́ну седьмо́го	half past six (!)
че́тверть восьмо́го	a quarter past seven (!)	в че́тверть девя́того	at a quarter past eight (!)
две мину́ты тре́тьего	two minutes past two (!)	в пять мину́т четвёртого	at five minutes past three (!)
без че́тверти час	(at) a quarter to one	без че́тверти два	(at) a quarter to two
без двадцати́ пяти́ три	(at) twenty five to three	без десяти́ четы́ре	(at) ten to four

ADVERBS with the idea of TIME (WHEN)

сейча́с	now	уже́	already
ра́ньше	before, earlier	пото́м	after, afterwards
наконе́ц	finally	ско́ро	soon
тепе́рь	now	одна́жды	once (one day)
ра́но	early	по́здно	late
в конце́ (+gen)	at the end	по́зже	later
давно́	long ago	неда́вно	recently
снача́ла	at first	(тому́) наза́д	ago
тогда́	then	зате́м	then
зара́нее	beforehand	спустя́	later
вско́ре	*soon*	внача́ле	*at first*
оконча́тельно	*finally*	ны́не	*now*

ADVERBS with the idea of TIME (PROCESS)

вдруг	**suddenly**	**сразу**	**at once, immediately**
постоя́нно	constantly	во́время	in time, on time
постепе́нно	gradually	неожи́данно	unexpectedly
пока	while, meanwhile	пока не	until, till, before
мгнове́нно	*instantly*	непреры́вно	*without interruption*

ADVERBS with the idea of TIME (DURATION)

ещё	**more, still**	**до́лго**	**for a long time**
надо́лго	for a long time	ненадо́лго	not for a long time
навсегда́	forever		

TIME PHRASES suggesting DURATION

я изуча́ю ру́сский язы́к пять лет	**for 5 years (ACC)**	*duration of impf. verb*
я пошёл в библиоте́ку на два часа́	for 2 hours (на +ACC)	*duration after verb*
ру́сский язы́к невозмо́жно изучи́ть за два го́да	in 2 years (за +ACC)	*duration before completion*
я иду́ на рабо́ту че́рез де́сять мину́т	in 10 mins (че́рез +ACC)	*duration before start ...*

ADVERBS with the idea of TIME (FREQUENCY)

всегда́	**always**	**ча́сто**	**often**
ка́ждый день	**every day**	**иногда́**	**sometimes**
ка́жд____ (ACC)	**every**	**вре́мя от вре́мени**	**from time to time**
обы́чно	**usually**	**ре́дко**	**rarely**
регуля́рно	**regularly**	**никогда́ не**	**never**

оди́н раз	**one time**	**ещё раз**	**once more**
2,3,4 ра́за	**twice, 3, 4 times**	**раз в день / ме́сяц / год**	**once a day / month / year**
5-20 раз	**5-20 times**	**раз в неде́лю**	**once a week**
не́сколько раз	a few times	ни ра́зу	not once

по кра́йней ме́ре	at least	максима́льно	at most
опя́ть	again	сно́ва	again
впервы́е	for the first time	нере́дко	often
ежедне́вно	daily	ежего́дно	annually
		постоя́нно	constantly
два́жды	*twice*	вновь	*again*
вдво́е	*twice*	неоднокра́тно	*repeatedly, several times*

ADVERBS: to a GREATER EXTENT

о́чень	very
совсе́м	completely, very
так	so
то́же	too, also (similarly)
та́кже	too, also (in addition)
бо́лее	more... (+ADJ/ADV)

бо́льше всего́	more than anything
бо́льше всех	more than anyone
сли́шком	too (+ADJ/ADV))
вме́сте	together
осо́бенно	especially, particularly
гора́здо	much (more) (+comp.)
кра́йне	extremely (+ADJ/ADV)

соверше́нно	completely
по́лностью	completely
вообще́	generally, at all

наибо́лее	*the most.. (+ADJ/ADV)*
чрезвыча́йно	*extraordinarily (+ADJ/ADV)*
целико́м	*whole, entirely*
(не) столь	*(not) so, that*
насто́лько	*so, so much*
вполне́	*quite, fully*
весьма́	*highly, very*

вслух	*aloud*
напра́сно	*in vain*
вдвоём	*together*
по двое	*in twos*

ADVERBS: to a LESSER EXTENT

не	not
совсе́м не	not at all
дово́льно	quite
то́лько	only
про́сто	simply, just
ме́нее	less (+ADJ/ADV)

ме́ньше всего́	less than anything
ме́ньше всех	less than anyone
да́же	even
почти́	almost
чуть чуть	a little bit, almost
намно́го	much (more) (+comp.)
доста́точно	enough

немно́жко	a little bit
едва́	hardly, barely
ни	no, neither, nor

осо́бо	*particularly*
отча́сти	*partly*
части́чно	*partially*
слегка́	*slightly*
чуть не	*almost, nearly*
во́все не	*not at all*

мо́лча	*silently*
зря	*in vain*
втроём	*as a trio*
одновре́менно	*simultaneously*

ADVERBS with the idea of CERTAINTY and DOUBT

мо́жет быть	perhaps
наве́рно(е)	probably, most likely
вероя́тно	possibly, probably
приме́рно	roughly
несомне́нно	undoubtedly
и́менно (так!)	namely, exactly (that!)
ра́зве… не…	surely (expect positive)
со́бственно	*actually*
есте́ственно	*naturally, of course*
наверняка́	*surely*

абсолю́тно	absolutely, completely
обяза́тельно	without fail
действи́тельно	really, actually, genuinely
приблизи́тельно	approximately, roughly
безусло́вно	certainly
ви́димо	evidently
неуже́ли	really, surely not
пожа́луй	*perhaps, I think*
мол	*apparently (he/she said)*

ADVERBS with the idea of LOCATION

(вот) здесь	here	(вон) там	there
до́ма	at home	ря́дом	near
сле́ва	(on the) left	спра́ва	(on the) right
на у́лице	outside	за грани́цей	abroad
в гостя́х у	visiting, as a guest	тут	here
наверху́	above, upstairs	внизу́	below, downstairs
отсю́да	from here	везде́	everywhere
внутри́	inside	снару́жи	outside
впереди́	at the front	сза́ди	behind, at the rear
вверху́	*above, overhead*	подря́д	*in a row*
вдали́	*in the distance*		

ADVERBS with the idea of MOTION (FROM HERE TO THERE)

отсю́да	from here	туда́	there
домо́й	home(wards)	пря́мо	straight
нале́во	to the left	напра́во	to the right
на у́лицу	outside	за грани́цу	abroad
в го́сти к	visiting, as a guest	пешко́м	on foot
вперёд	forwards	наза́д	backwards
обра́тно	back (return)	бего́м	at a run
вверх	up(wards)	круго́м	around
наве́рх	upstairs	вниз	downwards, downstairs
навстре́чу	*towards*	всю́ду	*everywhere*
внутрь	*inwards*	нару́жу	*out(wards)*

ADVERBS with the idea of MOTION (FROM THERE TO HERE)

сюда́	to here	отту́да	from there
из до́ма	from the house	из-за грани́цы	from abroad
сле́ва	from the left	спра́ва	from the right
с у́лицы	from outside	издалека́	from the distance
све́рху	from above	из госте́й	from visiting, being a guest
све́рху	from upstairs	сни́зу	(from) below
изнутри́	*from within*	снару́жи	*from outside*
спе́реди	*from the front*	сза́ди	*from behind*

ADVERBS with the idea of STYLE or MANNER

по-англи́йски	in English	по-ру́сски	in Russian
по-друго́му	in a different way	по-ра́зному	in various ways
по-своему	in one's own way	по-пре́жнему	in the old way
по-но́вому	in a new way	по поря́дку	one-by-one, in order

GOOD PHRASES for STRUCTURE

во-пéрвых	firstly	в прóшлом	in the past
во-вторы́х	secondly	в нáши дни	nowadays
в-трéтьих	thirdly	в бýдущем	in the future
потóм	then	наконéц	finally
затéм	then (next, afterwards)	в концé концóв	in the end
до сих пор	until now	с тех пор	since then
прéжде всегó	to begin with	рассмотрéть вопрóс о	to examine the question of...
в пéрвую óчередь	first of all	в заключéние	in conclusion
по повóду	*regarding, concerning*	как мы ужé говори́ли вы́ше	*as we said above*

GOOD PHRASES for JUSTIFYING and EXPLAINING

потомý что	because	поэ́тому	therefore
напримéр	for example	и.т.д. (и так дáлее)	etc. (and so on)
к сожалéнию	unfortunately	к счáстью	fortunately
зто знáчит, что	this means that	вот почемý	that's why
к тóму же	in addition	слéдовательно	consequently
из-за тогó, что	due to the fact that (neg.)	в результáте	as a result
в óбщем	in general	так как	since, because
без сомнéния	without a doubt	итак, мы ви́дим, что	and so, we see that
други́ми словáми	in other words	как прáвило	as a rule
корóче говоря́,	in short	я имéю в видý	I mean (I have in mind)
прóще говоря́,	to put it simply	несомнéнно	without a doubt
вообщé говоря́,	generally speaking,	к удивлéнию	surprisingly
речь идёт о	this is all about…	бесспóрно	indisputably
в том числé	*including*		

GOOD PHRASES for GIVING OPINIONS

я дýмаю, что	I think that	по-мóему	in my opinion
я считáю, что	I consider that	я знáю, что	I know that
я ли́чно дýмаю, что	I personally think that	я увéрен(а), что	I am certain that
с моéй тóчки зрéния	from my point of view	я надéюсь, что	I hope that
стрáнно, что	It's strange that	надо сказáть, что	it must be said that
(мнóгие) говоря́т, что	(many/they) say that	по словáм (+gen)	in the words of
на мой взгляд	in my opinion	я убеждён / убеждена́, что	I am convinced that
по мнéнию экспéртов,	in the opinion of experts	нéкоторые считáют, что	some consider that
очеви́дно, что	it's obvious that	неудиви́тельно, что	It's unsurprising that
опрóс показáл	the survey showed	соглáсно опрóсу,	according to the survey…
существýет мнéние, что	*the opinion exists that*	говори́тся, что	*It is said that*
я утверждáю, что	*I maintain that*	наскóлько мне извéстно	*as far as I know*
посети́в недáвно Росси́ю, я пришёл к вы́воду, что		*having recently visited Russia, I came to the conclusion that*	

GOOD PHRASES for AGREEING

я согла́сен / согла́сна	I agree	коне́чно!	of course!
вы пра́вы	you are right	это отли́чная иде́я!	that's a great idea!
с удово́льствием	with pleasure	соверше́нно ве́рно	absolutely right
я вполне́ согла́сен с	I fully agree with	это хоро́шая мысль	that's a good thought
во мно́гом	in many respects	разуме́ется	of course

GOOD PHRASES for DISAGREEING

я не согла́сен / согла́сна	I disagree	серьёзно?	You're not serious?
вы непра́вы	you are wrong	я совсе́м не согла́сен	I completely disagree
че́стно говоря́,	To be honest,	мне ка́жется, что	it seems to me, that
наоборо́т	on the contrary	всё равно́	all the same, nevertheless
да что вы?	you what? (colloq)	не пра́вда ли?	Don't you think?
как вам уго́дно	as you like	вы меня́ удивля́ете	you surprise me
в то́м-то и де́ло	that's just the point…	я сомнева́юсь, что́	I doubt that…
неуже́ли!	*Surely not!*	соверше́нно неуме́стно +INF	*it is completely inappropriate to…*

GOOD PHRASES for a BALANCED ARGUMENT

с одно́й стороны́	on the one hand…	с друго́й стороны́	on the other hand…
одна́ко	however	тем не ме́нее	nevertheless
э́то зави́сит от (+gen)	it depends on	хотя́	although
са́мое ва́жное	the most important thing	гла́вное	the main thing
на пе́рвый взгляд	at first glance	несмотря́ на +ACC	despite
одни́ утвержда́ют, что	some maintain that…	а други́е говоря́т, что	while others say that…
лу́чшее, что	the best thing is that	са́мое ху́дшее, что	the worst thing is that
гла́вной пробле́мой явля́ется	the main problem is	беда́ в том, что	the trouble is that
э́то ме́нее ва́жно, чем	*that is less important than*	в отли́чие от	*unlike*
на́до подчеркну́ть, что	*It must be emphasised that*	с учётом	*taking into account*
в це́лом	*on the whole*	по сравне́нию с	*in comparison with*
		на́до призна́ться, что	*it must be admitted that*

GOOD PHRASES for SAYING VERY LITTLE

в при́нципе	in principle…	ви́дишь / ви́дите	you see…
на са́мом де́ле	in fact…	де́ло в том, что	the thing is…
во вся́ком слу́чае	in any case		

GOOD PHRASES for SOLUTIONS

мы все должны́	we all should	роди́тели должны́	parents should
учителя́ должны́	teachers should	госуда́рство должно́	the state should
я хоте́л(а) бы (+ INF)	I would like (to...)	мы гото́вы +INF	we are prepared to
бы́ло бы лу́чше, е́сли бы (+past)	it would be better, if...	мы собира́емся +INF	we intend to
(давно́) пора́ +INF	it is (high) time to...	как ми́нимум	at least
чем ра́ньше, тем лу́чше	the earlier, the better	чем бо́льше, тем лу́чше	the more, the better
как мо́жно скоре́е	as soon as possible	как мо́жно ча́ще	as often as possible
ну́жно де́йствовать	we need to take action	принима́ть ме́ры	to take action
с по́мощью	with the help (of)	обрати́ть внима́ние	pay attention
при по́мощи	*with the help (of)*	сле́дующим о́бразом	*in the following way, thus*
я не понима́ю того́, что сейча́с происхо́дит в ми́ре.			*I don't understand what's happening in the world right now.*

GOOD PHRASES if you DON'T UNDERSTAND

я не зна́ю	I don't know	я не понима́ю	I don't understand
что зна́чит ___ ?	what does ___ mean?	мо́жно ещё раз?	One more time?
непоня́тно	I don't get it.	повтори́те, пожа́луйста!	repeat, please!
как это пи́шется?	how do you spell that?	в како́м смы́сле?	in what sense?
поме́дленнее, пожа́луйста!	slower, please!	я забы́л(а) сло́во	I've forgotten the word

Strategic Vocab for longer oral answers

приве́т!	Hi!
как дела́?	how are you?
норма́льно. А у вас?	fine. And you?
я хочу́ говори́ть о (+PREP)	I want to talk about...

что?	what?
наприме́р	for example
и так да́лее	etc (and so on)

MODALS	MODALS
(мне) на́до (+INF)	(I) must
(мне) мо́жно (+INF)	(I) am able to
(мне) ну́жно (+INF)	(I) need to
(мне) нельзя́ (+INF)	(I) must not
я могу́ (+INF)	I can
я хочу́ (+INF)	I want to
я до́лжен (+INF)	I should

ты лю́бишь...?	do you love to...?
я люблю́ (+ACC)	I love
мне нра́вится (+NOM)	I like
мне понра́вился/ -лась/-лось/-лись (+NOM)	I liked
бо́льше всего́	most of all
ме́ньше всего́	least of all
я обожа́ю (+ACC)	I adore
я предпочита́ю (+ACC)	I prefer
я ненави́жу (+ACC)	I hate
кро́ме э́того	apart from this

что ты ду́маешь о...?	what do you think about...?
я ду́маю, что	I think that
я счита́ю, что	I consider that
по-мо́ему	in my opinion
к сожале́нию,	unfortunately
к сча́стью,	fortunately
я зна́ю, что	I know that
с одно́й стороны́,	on the one hand
с друго́й стороны́,	on the other hand
одна́ко	however
мне ка́жется, что	it seems to me that

с кем?	with whom?
(мы) с друзья́ми	my friends (and I)
(мы) с семьёй	my family (and I)
(мы) с бра́том	my brother (and I)
(мы) с сестро́й	my sister (and I)
со шко́лой	with the school
в шко́льной кома́нде	in the school team
в гру́ппе	in a group
в орке́стре	in an orchestra

кто ещё?	who else?
мой па́па / оте́ц	my dad/father
моя́ ма́ма / мать	my mum/mother
мой брат	my brother
моя́ сестра́	my sister
мой друг	my friend
моя́ подру́га	my friend (f)
мой друзья́	my friends
мой роди́тели	my parents

где?	where?		куда?	where to?
в (+PREP)	in, at	-	в (+ACC)	to, into
на (+PREP)	in, at, on	-	на (+ACC)	to, into, onto
здесь	here	-	сюда́	to here
там	there	-	туда́	to there
до́ма	at home	-	домо́й	home(wards)
в саду́	in the garden	-	в сад	into the garden
у дру́га	at a friend's house	-	к дру́гу	to a friends house
в шко́ле	at school	-	в шко́лу	to school
в па́рке	in the park	-	в парк	to the park
в го́роде	in the town	-	в го́род	into the town
в Севено́ксе	in Sevenoaks	-	в Севено́кс	to Sevenoaks
в Ло́ндоне	in London	-	в Ло́ндон	to London
в дере́вне	in the country	-	в дере́вню	to the country
в лесу́	in the woods	-	в лес	into the woods
на бе́регу мо́ря	on the coast	-	на мо́ре	to the seaside
в А́нглии	in England	-	в А́нглию	to England
за грани́цей	abroad	-	за грани́цу	abroad (motion)
в Росси́и	in Russia	-	в Росси́ю	to Russia
в Москве́	in Moscow	-	в Москву́	to Moscow

Strategic Vocab for longer oral answers

как часто?	how often?
всегда́	always
ка́ждый день	every day
обы́чно	usually
регуля́рно	regularly
ча́сто	often
иногда́	sometimes
вре́мя от вре́мени	from time to time
ре́дко	rarely
никогда́ не	never
по суббо́там	on Saturdays (etc)
мно́го	a lot
ма́ло	a little
бо́льше	more
ме́ньше	less

когда́?	when?
в про́шлом	in the past
2 го́да наза́д	2 years ago
в после́днее вре́мя	recently
вчера́	yesterday
сего́дня	today
сейча́с	now
за́втра	tomorrow
че́рез 2 го́да	in two years' time
в бу́дущем	in the future
в суббо́ту	on Saturday (etc)
у́тром	in the morning
ве́чером	in the evening
ле́том	in the summer
зимо́й	in the winter

ско́лько часо́в?	how many hours?
3 часа́ ка́ждый ве́чер	3 hours every evening
сли́шком мно́го	too much

как?	how?
о́чень	very
дово́льно	quite
осо́бенно	especially
замеча́тельно	wonderful(ly)
отли́чно	excellent(ly)
здо́рово	awesome(ly)
кру́то	awesome(ly)
кла́ссно	awesome(ly)
хорошо́	well
норма́льно	OK
пло́хо	bad(ly)
ужа́сно	dreadful(ly)
то́лько	only

почему́?	why?
, потому́ что	because
из-за (+GEN)	due to
из-за того́, что	due to the fact that
ва́жно	it is important
поле́зно	it is useful
лу́чше / ху́же	it is better / worse
, чем	than
ве́село / заба́вно	fun
я уста́л(а)	I am tired
я за́нят(а́)	I am busy
у меня́ мно́го рабо́ты	I have lots of work
мно́го дома́шнего зада́ния	lots of homework
у меня́ нет вре́мени	I have no time
поэ́тому	therefore
вот почему́	that's why
э́то зна́чит, что	this means that
следова́тельно	consequently

EMERGENCY	
э́то всё	that's all
мину́точку	just a moment
я не зна́ю	I don't know
я не понима́ю	I don't understand
мо́жно ещё раз?	Could you say that again?
повтори́те, пожа́луйста!	Repeat, please!

ты дума́ешь, что...?	do you think that...?
я (не) согла́сен / согла́сна	I (don't) agree
коне́чно!	of course!
э́то (не)пра́вда	it's (not) true
у́жас!	how awful!
како́й кошма́р!	what a nightmare!
молоды́е должны́ (+INF)	young people should

FILLERS	
ну	well...
так	so...
вот	so...
хоро́ший вопро́с!	good question!
в при́нципе	in principle
коро́че	in short
де́ло в то́м, что	the thing is
ви́дите	you see...
на са́мом де́ле	in (actual) fact
че́стно говоря́,	to be honest...

о чём?	about what?
о му́зыке	about music
о фи́льмах	about films
о мо́де	about fashion

RUSSIAN PROVERBS

learning

Повторе́ние - мать уче́ния	**Practice makes perfect**
Век живи́ - век учи́сь	**Live and learn**
Уче́нье - свет, а неуче́нье - тьма	*Learning is light and ignarance is darkness*

happiness, love and money

В гостя́х хорошо́, а до́ма лу́чше	**Home sweet home**
Там хорошо́, где нас нет	**The grass is always greener on the other side.**
Не в де́ньгах сча́стье	**Money won't make you happy**
Не всё то зо́лото, что блести́т	**All that glistens is not gold.**
Путь к се́рдцу мужчи́ны лежи́т че́рез желу́док	**The way to a man's heart is through his stomach**
Се́рдцу не прика́жешь	**You can't reason with the heart**
Копе́йка рубль бережёт	Save the pennies and the pounds take care of themselves.
Ста́рая любо́вь не ржаве́ет	A heart that truly loves never forgets
Любо́вь зла - полю́бишь и козла́	*Love is blind.*
Ста́рость не ра́дость	*It's no fun getting old.*

doing & deciding

Одна́ голова́ хорошо́, а две лу́чше	**Two heads are better than one**
Лу́чше оди́н раз уви́деть, чем сто раз услы́шать	**I'll believe it when I see it**
Не по слова́м су́дят, а по дела́м	**Actions speak louder than words**
Ска́зано - сде́лано	**No sooner said than done.**
Рабо́та не волк, в лес не убежи́т	**Work can wait**
Не откла́дывай на за́втра то, что мо́жешь сде́лать сего́дня	**Don't put off until tomorrow what you can do today.**
Семь раз отме́рь, оди́н раз отре́жь	Take your time before deciding
Э́то говори́т само́ за себя́	It speaks for itself
Цель опра́вдывает сре́дства	The end justifies the means
От судьбы́ не уйдёшь	You can't hide from fate
Со стороны́ видне́е	It's easier to see if you take a step back
Вот где соба́ка зары́та	That's the crux of the matter!
У́тро ве́чера мудрене́е	*Let's sleep on it.*

friends

Ско́лько лет, ско́лько зим!	**How long has it been?!**
Мир те́сен	**It's a small world**
Ста́рый друг лу́чше но́вых двух	**An old friend is better than two new ones**
Не име́й сто рубле́й, а име́й сто друзе́й	**Better a hundred friends than a hundred roubles**
Глаза́ - зе́ркало души́	**The eyes are the mirror of the soul**
Друзья́ познаю́тся в беде́	A friend in need is a friend indeed.
Рука́ ру́ку мо́ет	You scratch my back, I'll scratch yours.

patience, waiting	Хорошо́, что хорошо́ конча́ется	All's well that ends well
	Всё в своё вре́мя	all in good time
	Лу́чше по́здно, чем никогда́	Better late than never
	Всему́ своё вре́мя	His time will come
	Поживём - уви́дим	time will tell
	Ти́ше е́дешь - да́льше бу́дешь	Slow and steady wins the race
	Бу́дет и на твое́й (на́шей, мое́й) у́лице пра́здник	Your time will come
	Хорошо́ смеётся тот, кто смеётся после́дним	He who laughs last, laughs longest
	Что ни де́лается, всё к лу́чшему	*Everything will turn out for the best*
	Всё та́йное ста́нет я́вным	*Everything will be revealed*

Being positive	Ка́ждому своё	Each to his own, everyone is different.
	Пе́рвый блин ко́мом	The first try always goes a bit wrong.
	О вку́сах не спо́рят	Tastes differ.
	Нет ху́да без добра́	Every cloud has a silver lining.
	Что сде́лано, то сде́лано	What's done is done.
	Попы́тка - не пы́тка	Nothing ventured nothing gained
	На всех не угоди́шь	You can't please everybody
	Не зна́ешь, где найдёшь, где потеря́ешь	It's swings and roundabouts
	Ка́шу ма́слом не испо́ртишь	You can't have too much of a good thing
	Бог лю́бит тро́ицу	All good things come in threes
	Молча́ние - знак согла́сия	Silence is a sign of agreement.
	С глаз доло́й - из се́рдца вон	Out of sight, out of mind
	Не ошиба́ется тот, кто ничего́ не де́лает	*To err is human*
	Не́ было бы сча́стья, да несча́стье помогло́	*A blessing in disguise*
	Всё познаётся в сравне́нии	*It's all relative*

Problems & Negative character traits	Нет ды́ма без огня́	No smoke without fire.
	"Чуть-чуть" не счита́ется	'Almost' doesn't count
	Волко́в боя́ться - в лес не ходи́ть	If you can't stand the heat, stay out of the kitchen.
	Мно́го бу́дешь знать, ско́ро соста́ришься	Curiosity killed the cat
	Дай ему́ па́лец, он и всю ру́ку отку́сит	Give him an inch, he'll take a mile.
	Дарёному коню́ в зу́бы не смо́трят	Don't look a gift-horse in the mouth
	И у стен есть у́ши	The walls have ears.
	За двумя за́йцами пого́нишься, ни одного́ не пойма́ешь	He who commences many things finishes but a few
	В ка́ждой шу́тке есть до́ля пра́вды	In every joke there is a grain of truth
	Ло́жка дёгтя в бо́чке мёда	A fly in the ointment
	Я́блоко от я́блони недалеко́ па́дает	*The apple doesn't fall too far from the tree.*

RUSSIAN IDIOMS

being similar	похо́жи как две ка́пли воды́	like two peas in a pod
	жить душа́ в ду́шу	to live in harmony
	жить как ко́шка с соба́кой	to fight like cats and dogs
	как не́бо и земля́	like chalk and cheese

luck and love	мне повезло́	I was lucky
	ни пу́ха ни пера́	good luck!
	быть на седьмо́м не́бе	to be in seventh heaven
	влюби́ться по́ уши	to be head over heels in love
	не за гора́ми	not a million miles away
	се́рдце / душа́ на ча́сти разрыва́ется	it's heart-breaking
	открыва́ть кому́-либо душу/сердце	to open your heart to someone
	се́рдце в пя́тки ушло́	*my heart stopped*
	изли́ть ду́шу	*to pour out your soul*

noticing and ignoring	на лбу напи́сано	it's written all over his face
	смотре́ть сквозь па́льцы	to turn a blind eye
	ви́деть кого́-либо наскво́зь	to read someone like a book
	глаза́ разбега́ются	to be overwhelmed by choice (exciting things)
	броса́ться кому́-либо в глаза́	to catch someones's eye
	держа́ть у́хо востро́	*to keep your eyes peeled*
	сова́ть нос во что-ли́бо	*to poke your nose in*

hard work and laziness	идти́ про́тив тече́ния	to go against the flow
	одна́ нога́ здесь, друга́я там	to do something at lightning speed
	верте́ться как бе́лка в колесе́	to be busy as a bee
	найти́ себя́	to find your vocation
	уби́ть двух за́йцев одни́м уда́ром	to kill two birds with one stone
	погна́ться за двумя́ за́йцами	to chase two different goals
	тёплое месте́чко	a cushy job
	рабо́тать не покла́дая рук	to work like a Trojan
	сиде́ть сложа́ ру́ки	*to twiddle one's thumbs*

clarity and success	как по ма́слу	like clockwork (a knife through butter)
	про́сто как два́жды два	as simple as two times two
	под но́сом	under your nose
	чёрным по бе́лому	it's black and white
	в то́чку!	bullseye!
	знать как свой пять па́льцев	to know like the back of your hand
	име́ть све́тлую голову́	to have a good head on your shoulders
	открыва́ть кому́-либо глаза́	to open someone's eyes to something
	взять себя́ в ру́ки	to get a grip, pull yourself together
	Купи́ть кота́ в мешке́	to have no idea what you're buying
	(дава́йте переста́нем) ходи́ть вокру́г да о́коло	*(let's stop) beating about the bush*

struggling practically	
последняя капля	the final straw
капля в море	a drop in the ocean
как без рук	to be powerless to help
искать иголку в стоге сена	to look for a needle in a haystack
руки не доходят	there's no time, it's impossible
заблудиться в трёх соснах	to find the simplest problem hard
зайти в тупик	to go up a blind alley
ты что, с луны свалился?	*What planet are you on?*
ты попал пальцем в небо	*you're wide of the mark*

struggling mentally	
выбросить из головы	to put (something) out of your mind
не выходит из головы	I can't get it out of my head
вертеться на языке	to be on the tip of one's tongue
голова идёт кругом	my head head is spinning
терять голову	to lose your head
опустить руки	to lose heart
брать с потолка	*to pluck out of thin air*
ломать голову над чем-то	*to rack your brains on something*
вешать нос	*to hang your head*

struggling to talk	
у неё длинный язык	she talks too much
больное место	a sore point, touchy subject
больной вопрос	the burning question
нем как рыба	to not say a word
замкнуться/уйти в себе	to go into one's shell
держать язык за зубами	to hold your tongue
держать себя в руках	to restrain oneself
проглотить язык	*to be lost for words*
тянуть за язык	*to drag it out of you (force to talk)*

general	
лить как из ведра	to rain cats and dogs
у меня слюнки текут	my mouth is watering
играть с огнём	to play with fire
последний крик моды	the latest craze/fashion
пальчики оближешь	Finger-licking good!
ехать зайцем	to travel (without paying)
язык сломаешь	it's a tongue twister
откладывать на чёрный день	to save for a rainy day
яблоку негде упасть	*there's no room to swing a cat*

describing a person	
ни рыба ни мясо	neither fish nor fowl
белая ворона	Someone unusual, not like the others
мухи не обидит	(s)he would hurt a fly
сгорать со стыда	to burn with shame
выйти из себя	to lose one's temper
быть на голову выше	to be head and shoulders above (somebody)
встать не с той ноги	to get out of the wrong side of bed

Space for more vocabulary / grammar / notes

People

люди

ЛЮ́ДИ - PEOPLE

ребёнок	child, baby	де́ти	children
челове́к	person	лю́ди	people
мужчи́на	man	же́нщина	woman
ма́льчик	boy	де́вушка	girl
друг	friend, (boyfriend)	подру́га	(girl)friend
друзья́	friends (NOM pl)	подру́жка	friend (female)
знако́мый	friend, acquaintance	друг дру́га	each other
гость	guest	де́вочка	(little) girl
взро́слый	adult	друг по перепи́ске	penfriend
това́рищ	comrade	прия́тель	friend
жи́тель	*inhabitant, resident*	граждани́н	*citizen*
пешехо́д	*pedestrian*	прохо́жий	*passer-by*

FAMILY - СЕМЬЯ

па́па	dad	ма́ма	mum
оте́ц	father	мать	mother
брат	brother	сестра́	sister
де́душка	grandfather	ба́бушка	grandmother
дя́дя	uncle	тётя	aunt
сын	son	дочь	daughter
муж	husband	жена́	wife
роди́тель	parent	ро́дственник	relative
внук	grandson	вну́чка	granddaughter
близне́ц	twin	(дома́шнее) живо́тное	domestic animal /pet
двою́родный брат	cousin (male)	двою́родная сестра	cousin (female)
сыно́к	son (diminutive)	до́чка	daughter (diminutive)
сыно́чек	son (affectionate)	до́ченька	daughter (affectionate)
дед	grandfather	тётка	aunt (diminutive)
племя́нник	nephew	племя́нница	niece
пре́док	*ancestor*	пото́мок	*descendant*
тёща	*mother-in-law*	зять	*son-in-law*

у меня́ (+NOM)	I have a…	у меня́ нет (+GEN)	I do not have a…
как его́/её зову́т?	what is he/she called?	его́/её зову́т	his/her name is
ско́лько тебе́ лет?	how old are you?	мне ____ лет.	I am ___ years old.
ему́/ей ско́лько лет?	how old is he/she?	ему́ / ей ____ лет.	he/she is ___ years old.
на фотогра́фии есть…	in the photo there is…	год / го́да / лет	year(s)
и́мя	(first) name	фами́лия	surname
день рожде́ния	birthday	во́зраст	age
ста́рший	senior, elder	мла́дший	younger
о́тчество	patronymic (name)	поколе́ние	generation
ю́ный	young	пожило́й	elderly
родны́е	*family*	сре́дних лет	*middle-aged*
роди́тельский	*parental*	семе́йный	*family*

Adjectives to describe POSITIVE Character Traits

интере́сный	**interesting**	спорти́вный	**sporty**
позити́вный	**positive**	акти́вный	**active**
музыка́льный	**music, musical**	тала́нтливый	**talented**
аккура́тный	**thorough, tidy, neat**	оптимисти́чный	**optimistic**
симпати́чный	**kind**	оригина́льный	**original**
профессиона́льный	**professional**	у́мный	**intelligent**
до́брый	**kind, good**	прия́тный	**pleasant**
смешно́й	**funny, amusing**	споко́йный	**calm**
весёлый	**cheerful, jolly**	ми́лый	**sweet, cute, kind**
серьёзный	**serious**	ти́хий	**quiet**
спосо́бный	capable	заба́вный	fun
совреме́нный	modern	счастли́вый	happy, lucky
ве́рный	true, loyal	ще́дрый	generous
хра́брый	courageous	сме́лый	brave
дружелю́бный	*friendly, amicable*	трудолюби́вый	*hard-working, diligent*
любопы́тный	*curious*	внима́тельный	*attentive*
и́скренный	*sincere*	не́жный	*tender*
великоду́шный	*magnanimous*	му́дрый	*wise*

Adjectives to describe NEGATIVE Character Traits

ску́чный	**boring**	негати́вный	**negative**
пасси́вный	**passive**	неприя́тный	**unpleasant**
глу́пый	**stupid**	шу́мный	**noisy**
лени́вый	**lazy**	опа́сный	**dangerous**
доса́дный	**annoying**	стра́нный	**strange**
старомо́дный	**old-fashioned**	просто́й	**simple / simpler**
сло́жный	**complicated**	стро́гий	**strict**
гру́стный	**sad**	печа́льный	**sad, sorrowful**
осторо́жный	cautious	злой	evil, angry
скупо́й	stingy, miserly	го́рдый	proud
болтли́вый	talkative	серди́тый	angry
за́мкнутый	*reserved, anti-social*	молчали́вый	*quiet*
необщи́тельный	*unsociable, reserved*	засте́нчивый	*shy*
сварли́вый	*grumpy*	раздражи́тельный	*irritable*

Adjectives to describe STATUS

популя́рный	**popular**	типи́чный	**typical**
бога́тый	**rich**	бе́дный	**poor**
ва́жный	**important**	бесполе́зный	**useless**
успе́шный	**successful**	неизве́стный	**unknown**
знамени́тый	**famous**	обы́чный	**usual**
мо́дный	**fashionable**	уника́льный	**unique**
изве́стный	**well known**	сре́дний	**average, middle**
исключи́тельный	*exceptional*	обыкнове́нный	ordinary

PHYSICAL DESCRIPTIONS - КАК ОН ВЫГЛЯДИТ? - What does he look like?

он / она...		he / she is...	
ма́ленький	short, small	небольшо́й	not big
здоро́вый	healthy, robust	высо́кий	high, tall
молодо́й	young	ста́рый	old
краси́вый	beautiful	некраси́вый	ugly
то́лстый	fat	худо́й	thin
си́льный	strong	сла́бый	weak
блонди́н / ка	blond/e	брюне́т / ка	brunette
в очка́х	is wearing glasses	с бородо́й	with a beard
по́лный	plump	стро́йный	slim
бере́менный	pregnant	то́нкий	thin, slender
привлека́тельный	attractive	с уса́ми	with a moustache

у него́/неё...		he/she has...	
во́лосы	hair		
дли́нный	long	коро́ткий	short
прямо́й	straight	кудря́вый	curly (!)
го́лос	voice		
гро́мкий	loud	ти́хий	quiet
ни́зкий	deep	высо́кий	high-pitched
лицо́	face		
кру́глый	round	дли́нный	long
глаз(а́)	eye(s)	квадра́тный	square
		зелёный	green
ка́рий	hazel (eyes)	голубо́й	blue

PARTS OF THE BODY

нос	nose	рука́	arm, hand
у́хо (у́ши)	ears	нога́	leg, foot
зуб	teeth	голова́	head
спина́	back	па́лец (па́льцы)	finger, toe
язы́к	tongue	го́рло	throat
рот	mouth	живо́т	tummy
душа́	soul	се́рдце	heart
губа́	lip	ше́я	neck
коле́но	knee	плечо́	shoulder
ло́коть (m)	elbow	щи́колотка	ankle
кость	bone	кровь	blood
мозг	brain	ко́жа	skin
желу́док	stomach	мы́шца	muscle
грудь	breast, chest	лёгкое	lung (adj. noun)
кисть	wrist	подборо́док	chin
лоб	forehead	щека́	cheek
бровь	eyebrow	но́готь	nail
ресни́ца	eyelash		

CLOTHES AND FASHION

одéжда	clothes	тýфли	shoes
носóк (носки́)	sock(s)	джи́нсы	jeans
шóрты	shorts	ю́бка	skirt
брю́ки	trousers	мáйка	t-shirt / strappy top
футбóлка	t-shirt	плáтье	dress
сви́тер	sweater	джéмпер	jumper
шáпка	russian fur hat	шарф	scarf
шкóльная фóрма	school uniform	рубáшка	shirt
гáлстук	tie	блýзка	blouse
кýртка	jacket, anorak	пиджáк	jacket
костю́м	suit	пальтó	overcoat
пижáма	pyjamas	шýба	fur coat
спорти́вный костю́м	tracksuit	óбувь	footware, shoes
кроссóвки	trainers	тáпочки	slippers
сандáлии	sandals	перчáтка	glove
сапоги́	boots (girls)	боти́нки	boots, shoes
сýмка	bag	зонт	umbrella
вещь	thing	бельё	underwear
шля́па	hat	плащ	raincoat
колгóтки	tights	трусы́	boxers / pants
ремéнь	belt (mens)	бюстгáльтер	bra
пóяс	belt (womens)	ли́фчик	bra
платóк	shawl, headscarf	плáвки	swimming trunks
шаль	shawl	купáльник	swimming costume
кóфта	*cardigan*	кольцó	*ring*
халáт	*dressing gown*	серьгá	*ear-ring*
чулки́	*stockings*	ожерéлье	*necklace*
драгоцéнности	*jewellery*	ювели́рные издéлия	*jewellery*

носи́ть	to wear (regularly)	на нём/ней (+NOM)	he/she is wearing...
он(á) одéт(а) в (+ACC)	(s)he is wearing a...	тебé идёт	it suits you
мóдный	fashionable	краси́вый	beautiful
простóй	simple	элегáнтный	elegant
свобóдный	loose-fitting	тéсный	tight-fitting
на высóких каблукáх	(on) high heels	по послéдней мóде	according to the latest fashion
я́ркий	bright, colourful	кóжа, кóжаный	leather
мáрка	make, brand	материáл	fabric, material
кармáн	pocket	мóда	fashion
размéр	size	тебé как раз	it fits you
одевáться	to dress	одевáть	to dress (somebody)
надевáть	to put on	снимáть	to take off
шёлк, шёлковый	silk	мех, меховóй	fur
шерсть, шерстянóй	wool	хлóпок	cotton
полиэстер	*polyester*	нейлóн, нейлóновый	*nylon*
рукáв	*sleeve*	полосáтый	*striped*
пýговица	*button*	клéтчатый	*chequered, squared*

Space for more vocabulary / grammar / notes

Daily life
повседневная жизнь

ГДЕ Я ЖИВУ - WHERE I LIVE

TYPE OF RESIDENCE

жить (живу́, живёшь)	to live	кварти́ра	flat
дом	house	до́мик	cottage
да́ча	dacha	на да́че	at the dacha
фе́рма	farm		
типи́чный	typical	совреме́нный	modern
на пе́рвом этаже́	on the ground floor (!)	на второ́м этаже́	on the first floor (!)
дре́вний	ancient	сдава́ть	let, rent out
общежи́тие	hostel, communal flat	аре́нда	rent
кирпи́чный	brick	жильё	accommodation
прожива́ть	reside	хозя́йственный	household
прожива́ние	residence	бытово́й	household
ме́сто жи́тельства	residence	бытова́я те́хника	home electronics

LOCATION OF RESIDENCE

в го́роде	in a town	в це́нтре го́рода	in the centre of town
в дере́вне	in the countryside	в при́городе	in the suburbs
на берегу́ мо́ря	by the sea	за грани́цей	abroad
за го́родом	in the country (place)	село́	(large) village

SURROUNDINGS OF RESIDENCE

сад	garden	бассе́йн	swimming pool
те́ннисный корт	tennis court	терра́са	terrace
двор	courtyard	парко́вка	parking area
сосе́д	neighbour	сосе́дка	neighbour
вера́нда	veranda	подъе́зд	entrance, drive
хозя́ин	master	хозя́йка	hostess, owner
воро́та	gate	газо́н	lawn
огоро́д	vegetable patch	забо́р	fence

ROOMS

туале́т	toilet	ва́нная	bathroom
ку́хня	kitchen	столо́вая	dining room / canteen
спа́льня	bedroom	гости́ная	sitting room
гара́ж	garage	холл	hall
балко́н	balcony	коридо́р	corridor
лифт	lift	зал	hall; room
кабине́т	cabinet; study	ко́мната	room
черда́к	attic	ле́стница	staircase
подва́л	basement	крыльцо́	porch
прихо́жая	entrance hall	помеще́ние	room

FABRIC OF THE BUILDING

дверь (f)	**door**	окно́	**window**
стена́	**wall**	ме́сто	**place, space**
ремо́нт	**repairs, renovation**	электри́чество	**electricity**
пол	**floor**	потоло́к	**ceiling**
по́лка	**shelf**	кры́ша	**roof**
уголо́к	**corner**	в углу́	**in the corner**
занаве́ски	curtains	стекло́	glass
ступе́нь(ка)	step	што́ры	blinds
батаре́я	radiator	отопле́ние	heating
поро́г	*doorstep*	жалюзи́	*window blind*
подоко́нник	*windowsill*	пане́ль	*panel*

THINGS IN THE BEDROOM

ла́мпа	**lamp**	айпо́д	**iPod**
компью́тер	**computer**	часы́	**clock, watch**
ра́дио	**radio**	ва́за	**vase**
сте́рео	**stereo**	календа́рь	**calendar**
крова́ть	**bed**	шкаф	**cupboard**
карти́на	**picture**	сто́лик	**table**
посте́ль	**bed**	кни́жный шкаф	**bookcase**
ка́рта	**map**	ночно́й сто́лик	**bedside table**
пи́сьменный стол	**(writing) desk**	зе́ркало	**mirror**
гардеро́б	**wardrobe**	игру́шка	**toy**
комо́д	chest of drawers	афи́ша	poster
ту́мбочка	bedside table	плака́т	poster
закрыва́ть на ключ	*lock*	поду́шка	*pillow*
ключ	*key*	одея́ло	*blanket*
я́щик	*drawer*	простыня́	*sheet*

THINGS IN THE BATHROOM

душ	**shower**	джаку́зи	**jacuzzi**
ва́нна	**bath**	полоте́нце	**towel**
кран	tap	мы́ло	soap
ра́ковина	*sink*	унита́з	*toilet (bowl/unit)*

THINGS IN THE LOUNGE

телеви́зор	television	телефо́н	telephone
дива́н	sofa	кре́сло	armchair
ме́бель	furniture	экра́н	screen
		ковёр	rug, carpet
ками́н	*fireplace*	обстано́вка	*furniture*

THINGS IN THE DINING ROOM

стол	table	стул	chair
ви́лка	fork	таре́лка	plate
ло́жка	spoon	стака́н	glass, tumbler
нож	knife	ча́шка	cup, mug
кру́жка	*mug*	ча́йная ло́жка	*teaspoon*
бока́л	*wine glass*	салфе́тка	*napkin*
рю́мка	*shotglass, shot*		

THINGS IN THE KITCHEN

то́стер	toaster	гриль	grill
ми́ксер	mixer	посу́да	dishes
холоди́льник	fridge	ча́йник	kettle
самова́р	tea urn	кофе́йник	coffeepot
подно́с	tray	микроволно́вка	microwave
весы́	scale(s), balance	плита́	hob, stove
зава́рочный ча́йник	*teapot*	духо́вка	*oven*
кастрю́ля	*saucepan*	печь	*oven*
кры́шка	*lid*	пе́чка	*stove*
сковорода́	*frying pan*		

THINGS IN THE UTILITY ROOM

му́сор	rubbish	ла́мпочка	bulb
грязь	dirt	ведро́	bucket
пыль	dust	свеча́	candle
посудомо́ечная маши́на	*dishwasher*	убо́рка	*clean, cleaning*
стира́льная маши́на	*washing machine*	отхо́ды	*waste, refuse*
пылесо́с	*vacuum cleaner*	стира́ть	wash (clothes); wipe

DAILY EVENTS / NORMAL ROUTINE - РЕЖИМ ДНЯ

встава́ть / встать	**to get up**	принима́ть/приня́ть душ	**to take a shower**
одева́ться / оде́ться	**to get dressed**	мы́ться (мо́юсь) / по-	**to wash**
просыпа́ться / просну́ться	to wake up	мыть (мо́ю) / вы- го́лову	to wash your hair
моли́ться	to pray	надева́ть / наде́ть	to put on
за́втракать / по-	**to have breakfast**	у́жинать / по-	**have dinner**
обе́дать / по-	**have lunch**	гото́вить / приготовить	**prepare, cook**
мыть (мо́ю) маши́ну	**to wash the car**	принима́ть / приня́ть ва́нну	**to take a bath**
мыть (мо́ю) посу́ду	to do the dishes	убира́ть / убра́ть свою́ ко́мнату	to tidy your room
идти́ спать	**to go and sleep**	чи́стить / по- зу́бы	**clean teeth**
ложи́ться/лечь спать	to go to bed	засыпа́ть / засну́ть	to fall asleep

LIFE EVENTS / SPECIAL OCCASIONS - ЖИЗНЬ

день рожде́ния	**birthday**	с днём рожде́ния!	**happy birthday!**
рожда́ться /роди́ться	be born	рожде́ние	birth
друг	**(boy)friend**	подру́га	**(girl)friend**
знако́мый	**friend, acquaince**	подру́жка	**friend (female)**
дру́жба	**friendship**	прия́тель	**friend**
завести себе друзей	to find/make friends	дружи́ть	to be(come) friends
любо́вь	**love**	влюби́ться	**to fall in love**
жени́х	*fiance, groom*	обруче́ние	*engagement*
неве́ста	*fiancee, bride*	обруча́ться / обручи́ться	*to get engaged*
муж	**husband**	жена́	**wife**
жени́ться / по- (на)	**to marry (a woman)**	выходи́ть / вы́йти замуж (за)	**to marry (a man)**
он жени́лся на	**He got married**	они́ пожени́лись	**They got married**
сва́дьба	wedding	приглаше́ние на сва́дьбу	wedding invitation
жена́тый	married	за́мужем	married (woman)
медо́вый ме́сяц	*honeymoon*	заму́жний	*married (woman)*
жени́тьба	*marriage*	брак	*marriage*
супру́г	*spouse (male)*	супру́га	*spouse (female)*
име́ть семью́	**to have a family**	купи́ть пе́рвый дом	**to buy your first house**
име́ть ребёнка	**to have a child**	бере́менная	**pregnant**
роди́ть	to give birth to	бере́менность	pregnancy
любо́вник	*lover*	любо́вница	*lover, mistress*
расстава́ние	*separation*	расходи́ться / разойти́сь	*to separate, move out*
разво́д	**divorce**	разводи́ться / развести́сь	**to get divorced**
умира́ть / умере́ть	**die**	смерть	**death**
вдове́ц	*widow (male)*	вдова́	*widow (female)*

Space for more vocabulary / grammar / notes

Free time
свободное время

СВОБОДНОЕ ВРЕМЯ - FREE TIME

СПОРТ - SPORT

игра́ть	**to play**	спортсме́н	**athlete**
я игра́ю (в +ACC)	**I play...**	чемпио́н	**champion**
футбо́л	**football**	капита́н	**captain**
хокке́й (на льду́)	**(ice) hockey**	ли́дер	**leader**
хокке́й (на траве́)	**hockey**	инстру́ктор	**instructor**
ре́гби	**rugby**	тре́нер	**trainer, coach**
те́ннис	**tennis**	клуб	**club**
кри́кет	**cricket**	фестива́ль	**festival**
нетбо́л	**netball**	матч	**match**
волейбо́л	**volleyball**	фина́л	**final**
бадминто́н	**badminton**	реко́рд	**record**
сквош	**squash**	приз	**prize**
баскетбо́л	**basketball**	спорти́вный	**sport, sporting**
пинг-понг	**table tennis**	футбо́льный	**football**
гольф	**golf**		

занима́ться / заня́ться	**to do, take part in**	я хожу́ в спорти́вный центр	**I go to the sports centre**
я занима́юсь (+INSTR)...	**I do, take part in**	те́ннисный корт	**tennis court**
спорт	**sport**	спортза́л	**gym**
атле́тика	**athletics**	кома́нда	**team**
гимна́стика	**gymnastics**	мяч	**ball**
бо́улинг	**bowling**	трениро́вка	**training**
бокс	**boxing**	игра́	**game**
пла́вание	**swimming**	чемпиона́т	**championship**
фи́тнес	**fitness**	турни́р	**tournament**
вид спо́рта	**(type of) sport**	ко́нкурс	**competition**
		соревнова́ние	**competition**

про́игрывать / проигра́ть	to lose	победи́тель	winner
выи́грывать / вы́играть	to win	игро́к	player
побежда́ть	win	боксёр	boxer
побе́да	victory	олимпиа́да	Olympics, Olympiad
аре́на	arena, stage	олимпи́йский	Olympic

сбо́рная	*national team*	го́нка	*race*
проти́вник	*opponent*	като́к	*ice rink*
сопе́рник	*rival*	борьба́	*fight*
врата́рь	*goalkeeper*	игрово́й	*playing, game*

МУ́ЗЫКА - PLAYING MUSIC

игра́ть	to play	саксофо́н	saxophone
я игра́ю (на +PREP)	I play (on an instrument)	тромбо́н	trombone
пиани́но (INDECL)	piano	скри́пка	violin
гита́ра	guitar	фле́йта	flute
кларне́т	clarinet	инструме́нт	instrument
бараба́н	drums	конце́рт	concert

петь (пою́, поёшь) / с-	to sing	бас-гита́ра	bass guitar
пе́сня	song	труба́	trumpet
в хо́ре	in a choir	музыка́нт	musician
на конце́ртах	in concerts	музыка́льный	music, musical
певе́ц	singer (male)	...в орке́стре	in an orchestra
певи́ца	singer (female)		

ту́ба	tuba	дирижёр	conductor
виолонче́ль (f)	cello	но́та	note
роя́ль	grand piano	симфо́ния	symphony
а́рфа	*harp*	гобо́й	*oboe*
рожо́к	*horn*	гармо́шка	*accordion (Gena)*

МУ́ЗЫКА - LISTENING TO MUSIC

слу́шать / по-	to listen to	поп-му́зыка	pop music
я слу́шаю... (+ACC)	I listen to...	рок-му́зыка	rock music
му́зыка	music	джаз	jazz
ра́дио	radio	рэп	rap
музыка́нт	musician	арти́ст	artiste
гру́ппа	group	класси́ческая му́зыка	classical music
жанр	type	наро́дная му́зыка	traditional music
певе́ц / певи́ца	singer	петь	to sing
соли́ст(ка)	lead singer, soloist (m/f)	хор	choir
знамени́тость	famous person	пе́сня	song
совреме́нный	modern, contemporary	радиоста́нция	radio station
компози́тор	composer		

TALKING TO

я говорю́	I speak	по телефо́ну	on the 'phone
с друзья́ми	with (my) friends	с семьёй	with (my) family
с дру́гом	with (my) (boy)friend	по ска́йпу	on skype
с подру́гой	with (my) (girl)friend	с роди́телями	with (my) parents
о жи́зни	about life	о пробле́мах	about problems

ХО́ББИ - HOBBIES

я игра́ю...	I play...	...в ша́хматы	chess
...на компью́тере	on the computer	...в компью́терные и́гры	computer games
...в ка́рты	cards		
занима́ться / заня́ться	to do, take part in	...бале́том	ballet
я занима́юсь (+INSTR)	I do, take part in	...му́зыкой	music
...теа́тром	theatre	...карата́	karate
...пе́нием	singing	...рисова́нием	drawing
...та́нцами	dance	... на ку́рсах рисова́ния	art courses
интересова́ться	to be interested in	увлека́ться	to be keen on
я интересу́юсь... (+INSTR)	I am interested in...	я увлека́юсь... (+INSTR)	I am keen on...
ката́ться / по-	to ride	...на лы́жах	on skis
я ката́юсь на (+PREP)	I ride on...	...на во́дных лы́жах	on water skis
...на велосипе́де	on a bike	...на сноубо́рде	on a snowboard
...на ло́шади	on a horse	...на ло́дке	on a boat
...на ро́ликах	on roller skates/blades	...на конька́х	on ice-skates
...на ске́йте / скейтбо́рде	on a skateboard	...на квадроци́кле	on a quad bike
...на са́нках	on a sledge	на ватру́шке	on an inflatable snow ring
танцева́ть	to dance	гуля́ть / по-	to wander
я хожу́ на дискоте́ку	to the disco	собира́ть грибы́	to collect mushrooms
я хожу́ на вечери́нки	to parties	отдыха́ть (я отдыха́ю)	to relax (I relax)
пла́вать	to swim	я хожу́ в казино́	casino
пла́вание	swimming	увлече́ние	passion, hobby
кружо́к	hobby group, club	рисова́ть	to draw, sketch

READING

чита́ть	to read	кни́га	book
я чита́ю... (+ACC)	I read...	газе́та	newspaper
литерату́ра	literature	исто́рия	story; history
а́втор	author	рома́н	novel
журна́л	journal, magazine	ко́микс	comics
детекти́в	crime thriller	стихи́	poems
ска́зки	stories, fairytales	чита́тель	reader
чте́ние	reading	писа́тель(ница)	writer (m/f)

WRITING

писа́ть	to write	письмо́	a letter
я пишу́	I write	эссе́	essay
статью́	article	пе́сни	songs
я веду́ дневни́к	I keep a diary	диало́г	dialogue
спи́сок	a list	стихи́	poems
сочине́ние	essay	сцена́рий	script
ска́зка	story, fairytale		

WATCHING AND LOOKING AT (TV)

смотре́ть / по-	to watch, look at	тв	TV
я смотрю́ (+АСС)	I watch	коме́дия	comedy
телеви́зор	television	програ́мма	programme
ви́део	video	телекана́л	TV channel
но́вости	news	сериа́л	serial
переда́ча	programme	рекла́ма	advertising
мультфи́льм	cartoon	телеви́дение	television
развлече́ние	entertainment	телевизио́нный	television
пе́ред телеви́зором	in front of the TV	зри́тель	spectator, viewer

WATCHING AND LOOKING AT (FILM)

фи́льм(ы)	film(s)	...в кино́	to/at the cinema
эффе́кт	effect	кинотеа́тр	cinema
экра́н	screen	стиль (m)	style
рекомендова́ть	to recommend	оригина́льный	original
коне́ц	end	что случи́тся	what will happen
персона́ж	character (in book/film)	звезда́	star
продю́сер	producer	режиссёр	director
премье́ра	premiere	документа́льный (фильм)	documentary
фанта́стика	fantasy film	научно-фанта́стический фильм	science fiction
фильм у́жасов	horror film	детекти́в(ный фильм)	detective film
сеа́нс	*screening, show*	уника́льный	*unique*
увлека́тельный	*entertaining*	незабыва́емый	*unforgettable*

WATCHING AND LOOKING AT (SHOWS)

теа́тр	theatre	шо́у	show
спекта́кль	performance, show	...в теа́тр	to the theatre
...на бале́т	to the ballet	...на конце́рты	to concerts
...на о́перу	to the opera	цирк	circus
пье́са	play (in a theatre)	та́нец	dance
пу́блика	crowd, public	культу́ра	culture
театра́льный	theatrical	выступле́ние	a performance
аплоди́ровать	*applaud, cheer*	выступа́ть / вы́ступить	*perform*
представле́ние	*performance, presentation*	зре́лище	*spectacle*

WATCHING AND LOOKING AT (EXHIBITIONS)

галере́я	gallery	колле́кция	collection
я хожу́ по галере́ям	I go to galleries	карти́на	picture
иску́сство	art	вы́ставка	exhibition
скульпту́ра	sculpture	худо́жник	artist
жи́вопись	painting, art	мастерска́я	studio, workshop
пейза́ж	landscape	худо́жественный	artistic, literary

Space for more vocabulary / grammar / notes

Food
питание

ЕДА И ПРОДУКТЫ - FOOD AND INGREDIENTS

ФРУКТЫ - FRUIT

я́блоко	**apple**	апельси́н	**orange**
бана́н	**banana**	грейпфру́т	**grapefruit**
лимо́н	**lemon**	гру́ша	**pear**
анана́с	**pineapple**	клубни́ка	**strawberries**
пе́рсик	**peach**	мали́на	**raspberries**
сли́ва	**plum**	виногра́д	**grapes**
я́года	berry	абрико́с	apricot
ви́шня	cherries	мандари́н	mandarin orange
черни́ка	blueberries	арбу́з	watermelon
оре́х	nut	ды́ня	melon
гре́цкий оре́х	*walnut*	ара́хис	*peanuts*

ОВОЩИ И ГАРНИРЫ - VEGETABLES & SIDE DISHES

сала́т	**salad, lettuce**	гриб	**mushroom**
помидо́р	**tomato**	капу́ста	**cabbage**
лук	**onion**	морко́вь	**carrots**
огуре́ц	gherkin, cucumber	свёкла	beetroot
горо́х	*peas*	шпина́т	*spinach*
баклажа́н	*aubergine*	боб	*bean*
		фасо́ль	*runner beans*

рис	**rice**	спаге́тти	**spaghetti**
карто́фель	**potato**	карто́фель-фри	**fries**
карто́шка	**potatoes**	макаро́ны	**pasta**
ка́ша	**porridge, oats**	гре́чка	**buckwheat**
жа́реный карто́фель	fried potatoes	карто́фельное пюре́	mashed potatoes
лапша́	*noodles*	вермише́ль	*vermicelli noodles*

СУП - SOUP

борщ	**beetroot soup**	щи	**cabbage soup**
гуля́ш	*goulash*	бульо́н	*broth*

МЯСО - MEAT

га́мбургер	**hamburger**	бифште́кс	**beef steak**
соси́ска	**sausage**	котле́та	**meatballs**
колбаса́	**salami sausage**	ку́рица	**chicken**
ветчина́	**ham**	говя́дина	**beef**
шашлы́к	**meat (on a skewer)**	свини́на	**pork**
цыплёнок	chicken	бара́нина	lamb
у́тка	duck	инде́йка	turkey

РЫБА - FISH

тунéц	**tuna**	сардúна	**sardine**
сёмга	**salmon**	кревéтка	**prawn**
сéльдь (f)	*herring*	форéль	*trout*
óкунь	*perch*	омáр	*lobster*
трескá	*cod*	мúдия	*mussel*

МОЛОЧНЫЕ ПРОДУКТЫ - DAIRY PRODUCTS

йóгурт	**yoghurt**	омлéт	**omelette**
сыр	**cheese**	блин(ы́)	**pancake(s)**
яйцó	**egg**	сметáна	**sour cream**
мáсло	**butter, oil**	слúвки	cream
блúнчик	filled (pancake)	яúчница-глазýнья	fried eggs
творóг	cottage cheese (curds)	яúчница-болтýнья	scrambled eggs

СЛАДКИЕ - SWEET THINGS

десéрт	**dessert**	шоколáд	**chocolate**
торт	**cake**	кекс	**small cakes**
морóженое	**ice cream**	конфéта(ы)	**sweet(s)**
пирóжное	**pastries, cakes**	печéнье	**biscuits**
пирóг	*pie, tart*	жевáтельная резúнка (жвáчка)	*chewing gum*

НЕСЛАДКИЕ - SAVOURY THINGS

пúцца	**pizza**	Сáндвич= сэ́ндвич	**sandwich**
хлеб	**bread**	чúпсы	**crisps**
бутербрóд	**sandwich**	чёрный хлеб	**black bread**
бýлка	roll	ржанóй хлеб	rye bread
мукá	flour	тéсто	dough
мýка	torment, torture (!)	зернó	grain
кукурýза	*corn*	пшенúца	*wheat*
рожь	*rye*		

СОУСЫ И СПЕЦИИ - SAUCES AND SPICES

майонéз	**mayonnaise**	джем	**jam**
кéтчуп	**ketchup**	сáхар	**sugar**
соль	**salt**	мёд	**honey**
пéрец	**pepper**	варéнье	**jam (fruit in liquid)**
ýксус	*vinegar*	чеснóк	*garlic*
хрен	*horseradish*	мя́та	*mint*

РУССКИЕ БЛЮДА - RUSSIAN DISHES

борщ	beetroot soup	щи	cabbage soup
бефстро́ганов	beef Stroganoff	сове́тское шампа́нское	'soviet' champagne
чёрная икра́	black caviar	смета́на	sour cream
кра́сная икра́	red caviar	шашлы́к	meat (on a skewer)
пельме́ни	pelmeni	варе́нье	jam (fruit in liquid)
квас	kvas (rye-based drink)	творо́г	cottage cheese (curds)
компо́т	stewed fruit drink	кефи́р	buttermilk

НАПИТКИ - DRINKS

лимона́д	lemonade	чай	tea
вино́	wine	ко́фе	coffee
вода́	water	сок	(fruit) juice
во́дка	vodka	молоко́	milk

вода́ без га́за	still water	горя́чий шокола́д	hot chocolate
вода́ с га́зом	fizzy water	пи́во	beer
минера́льная вода́	mineral water	шампа́нское	champagne (adj.noun)
кака́о	cocoa	сове́тское шампа́нское	'soviet' champagne

моло́чный кокте́йль	milk shake	джин	gin
компо́т	stewed fruit drink	ви́ски	whiskey
ром	rum	конья́к	cognac

алкого́льный напи́ток	*alcoholic drink*	(не)газиро́ванная вода́	*carbonated water*
безалкого́льный напи́ток	*non-alcoholic drink*	квас	*kvas (rye-based drink)*

RECIPES, MEASURES & CONTAINERS

реце́пт	recipe	ингредие́нты	ingredients
ре́зать / по-, на-	to cut	жа́рить	to fry
вари́ть / от-, с-	to boil	сме́шивать / смеша́ть	to mix together
полива́ть / поли́ть	to pour	приготовле́ние	cooking, preparation

грамм	gram	килогра́мм	kilogram
литр	litre	буты́лка	bottle
ба́нка	jar, can	по́рция	a portion
коро́бка	a box, carton	кусо́к	a piece
па́чка	a packet, small box	кусо́чек	a small piece
я́щик	a box, drawer	про́бка	a cork

GENERAL FOOD-RELATED WORDS

меню́	menu	еда́	food
би́знес ланч	lunch (set menu)	вку́сно!	(it is) tasty!
за́втрак	breakfast	закуска	snack, entrée
обе́д	lunch	на пе́рвое	for first course (starter)
у́жин	supper	на второ́е	for second course (main)
блю́до	meal, dish	прия́тного аппети́та!	bon appetit!
вкус	taste	алкого́ль	alcohol
аппети́т	appetite	го́лод	hunger
пита́ние	food (nourishment)	жа́жда	thirst
пи́ща	food	срок го́дности	best-before date
жир	fat		

GENERAL FOOD-RELATED ADJECTIVES

вку́сный	tasty	холо́дный	cold
све́жий	fresh	горя́чий	hot
сла́дкий	sweet	о́стрый	spicy, hot
го́лод/ен /на́/но/ны	hungry, starving	сыт /а́/о/ы	full (of food)
жи́рный	fatty	пригото́вленный	cooked
солёный	salty	сыро́й	raw
жа́реный	fried	пья́ный	drunk
сли́вочный	creamy	тре́звый	sober

GENERAL FOOD-RELATED VERBS

ПИТЬ	to drink
я пью	I drink
ты пьёшь	you drink (sing.)
он/она пьёт	he/she drinks
мы пьём	we drink
вы пьёте	you drink (pl.)
они пьют	they drink

за́втракать	to have breakfast
обе́дать	to have lunch
у́жинать	to have dinner

гото́вить / при-	to cook, prepare
корми́ть / по-, на-	to feed
ку́шать / по-	to eat (colloq)

есть	to eat
я ем	I eat
ты ешь	you eat(sing.)
он/она ест	he/she eats
мы еди́м	we eat
вы еди́те	you eat (pl.)
они едя́т	they eat

прогла́тывать / проглоти́ть	to swallow
жева́ть / про-	to chew
переку́сывать / перекуси́ть	to snack

Space for more vocabulary / grammar / notes

School & work

школа и работа

ШКОЛА - SCHOOL   (ПРЕДМЕТЫ - SUBJECTS)

изуча́ть	to study (something)	ру́сский язы́к	Russian
я изуча́ю (+ACC)	I study	англи́йский язы́к	English Language
матема́тика	Maths	францу́зский язы́к	French
биоло́гия	Biology	неме́цкий язы́к	German
хи́мия	Chemistry	испа́нский язы́к	Spanish
фи́зика	Physics	литерату́ра	literature
геогра́фия	Geography	му́зыка	Music
исто́рия	history	рели́гия	Religious Studies
латы́нь	Latin	рисова́ние	Art (drawing)
информа́тика	I.C.T	физкульту́ра	P.E.
труд	Technology	нау́ка	science

ШКОЛА - SCHOOL   (В КЛАССЕ - IN CLASS)

па́рта	desk	каранда́ш	pencil
стул	chair	ру́чка	pen
су́мка	bag	калькуля́тор	calculator
рюкза́к	rucksack, satchel	ка́рта	map
кни́га	book	компью́тер	computer
тетра́дь	exercise book	вопро́с	question
уче́бник	text book	сло́во	word
слова́рь	dictionary	иде́я	idea
бума́га	paper	часы́	clock/watch
па́пка	folder	доска́	(black)board
портфе́ль	briefcase	шка́фчик	locker

GENERAL EDUCATION WORDS

уро́к	lesson	студе́нт / ка	student (older)
начина́ется	starts	спортза́л	sports hall
конча́ется	finishes	лаборато́рия	laboratory
в шко́ле	at school	кани́кулы	school holidays
учи́ться / вы́-	to study	учени́к	pupil (male)
учи́тель / учи́тельница	teacher	учени́ца	pupil (female)
дире́ктор шко́лы	headmaster	дома́шнее зада́ние	homework
семе́стр	term	расписа́ние	timetable
кабине́т	classroom (study)	переры́в / переме́на	break
кабине́т му́зыки	music room	переры́в на обе́д	lunch break
член	member	обме́н	exchange
по суббо́там у́тром	on Saturday mornings	шко́льная фо́рма	school uniform
в девя́том кла́ссе	in year nine	в сре́дней шко́ле	in secondary school
де́тский сад	kindergarten	сдава́ть / сдать экза́мены	to sit / pass exams
оце́нки	grades, marks		
общеобразова́тельный	*comprehensive*	проводи́ть о́пыты	*to conduct experiments*
о́бщий	*general, common*	о́бщество	*society*

ВЫСШЕЕ ОБРАЗОВАНИЕ - HIGHER EDUCATION

институт	institute	университет	university
курс	course	поступить	to enter, join (school, university)
ВУЗ	Institute of Higher Education	образование	education

РАБОЧАЯ ПРАКТИКА - WORK EXPERIENCE

работать	to work	клиент	customer
работа	work (noun)	помогать/помочь (+DAT)	to help
рабочий	work (adj), worker (adj. n)	с/делать фотокопии	to do photocopying
проходить рабочую практику	to do work experience	с/делать фотографию	to take a photo
опыт	experience		
животные	animals	заваривать чай	to make tea
мне (не) повезло	I was(n't) lucky	общаться с людьми	to mix with people
сотрудник	*colleague*	убирать/убрать	*to tidy up*
дом для престарелых	*old peoples' home*	создавать/создать	*to create*

PART TIME WORK

работа на полставки	part-time work	нет времени	no time
зарабатывать/ заработать	to earn	домашнее задание	homework
получать/ получить	to get, receive	занят /а/о/ы	busy, occupied
достаточно	enough	устал /а/и	tired (verb!)
карманные деньги	pocket money	продавать/продать	to sell
платить	to pay		
рано	early	сосед	neighbour
раньше	previously	ребёнок	child
доставка газет	*delivering papers*	присмотр за детьми	*babysitting*
доставлять газеты	*to deliver papers*	присматривать за детьми	*to babysit*

GETTING A JOB

вакансия	vacancy	кандидат	candidate
интервью	interview	серьёзный	serious
идеальный	ideal	талант	talent
писать/написать	to write	письмо	letter
готов /а/о/ы (+INF)	prepared, ready (to)	с энтузиазмом	with enthusiasm
говорить по-русски	to speak Russian	весёлый	jolly
иностранный язык	foreign language	возраст	age
усердный	hard-working	надёжный	reliable
вежливый	polite	уметь	to know how to
требуется на работу	*wanted for work*	приглашать/пригласить	*to invite*

МИР ТРУДА - THE WORLD OF WORK

рабóта	work	óфис	office
компáния	company	фúрма	firm
рабóтать (+INSTR)	to work (as)	становúться / стать (+INSTR)	to become
зарабáтывать / зарабóтать	to earn	в бýдущем	in the future
зарплáта	wages	путешéствовать	to travel
помогáть/помóчь (+DAT)	to help	за гранúцей	(to be) abroad
жизнь f	life	по всемý мúру	around the world
óбраз жúзни	way of life		
рабóчий дéнь	*working day*	высокооплáчиваемый	*highly-paid*

ПРОФÉССИИ - PROFESSIONS

рабóтать (+INSTR)	to work (as)	становúться / стать (+INSTR)	to become

спортсмéн	sportsman	бизнесмéн	businessman
спортсмéнка	sportswoman	инженéр	engineer
актёр, актрúса	actor, actress	шофёр	chauffeur
механик	mechanic	гид	guide

фéрмер	farmer	учúтель/ница	teacher
писáтель	writer	медсестрá/ медбрат	nurse
официáнт / ка	waiter / waitress	врач	doctor
банкúр	banker	адвокáт	lawyer
ветеринáр	vet	программúст	programmer
архитéктор	architect	водúтель	driver
лётчик	pilot	пóвар	cook, chef
жудóжник	artist	солдáт	soldier
милиционéр	policeman (militia)	секретáрь	secretary
учёный	scientist, academic	мéнеджер	manager

фúзик	physicist	редáктор	editor
хúмик	chemist	домохозяйка	housewife
элéктрик	clcctrician	почтальóн	postman
мяснúк	butcher	кассúр	cashier
пожáрник	fireman	продавéц	salesman
биóлог	biologist	режиссёр	director
психóлог	psychologist	преподавáтель	teacher (university)

парикмáхер	*hairdresser*	предпринимáтель	*entrepreneur*
хирýрг	*surgeon*	полицéйский	*policeman*
свящéнник	*priest*	учёный	*scientist, academic*
убóрщик	*cleaner*	безрабóтный	*jobless*
рабóтник	*worker*	рабóчий	*worker*
воéнный	*serviceman, soldier*	нúщий	*beggar*

Space for more vocabulary / grammar / notes

Space for more vocabulary / grammar / notes

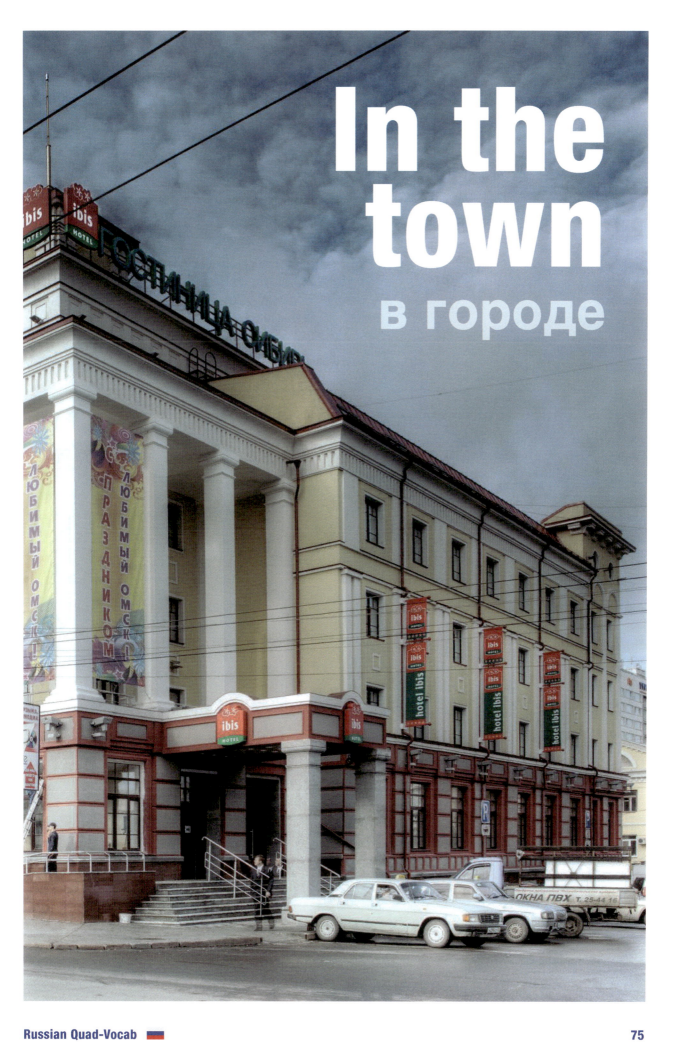

In the town

в городе

В ГОРОДЕ - IN THE TOWN

PLACES TO GET THINGS DONE

банк	bank	апте́ка	chemist
библиоте́ка	library	шко́ла	school
поликли́ника	health centre	институ́т	institute
больни́ца	hospital	университе́т	university
порт	port	аэропо́рт	airport
вокза́л	train station	фа́брика	factory
обме́н валю́ты	bureau de change	заво́д	Factory
спра́вочное бюро́	info centre	зда́ние	building
ста́нция метро́	metro station	промы́шленный	industrial
по́чта	post office	совреме́нный	modern
		городско́й	urban, town

PLACES FOR EVERYDAY LEISURE

кино́	cinema	кинотеа́тр	cinema
рестора́н	restaurant	кафе́	café
бар	bar	парк	park
спорти́вный центр	sports Centre	гости́ница	hotel
бассе́йн	swimming pool		
скаме́йка	*bench*	скамья́	*bench*

ДОСТОПРИМЕЧАТЕЛЬНОСТИ - SIGHTS

музе́й	museum	теа́тр	theatre
стадио́н	stadium	зоопа́рк	zoo
Кра́сная пло́щадь	Red Square	галере́я	gallery
Кремль	Kremlin	мост	bridge
ГУМ	State Dept. Store	па́мятник	memorial
цирк	circus	собо́р	cathedral
це́рковь	church	дворе́ц	palace
ба́шня	tower	фона́рь	(street) light
архитекту́ра	architecture		

PLACES TO SHOP

магази́н(ы)	shop(s)	универма́г	department store
суперма́ркет	supermarket	универса́м	supermarket
магази́н «ры́ба»	fishmonger's	кио́ск	kiosk
магази́н «мя́со»	butcher's	(газе́тный) кио́ск	(newspaper) kiosk
магази́н «о́вощи»	green grocer's	ры́нок	market
магази́н «оде́жда»	clothes shop	бу́лочная	bakery
магази́н «цветы́»	florist	конди́терская	cake shop
магази́н «Ме́бель»	furniture shop	гастроно́м	grocer's (shop)
кни́жный магази́н	book shop	торго́вый центр	shopping centre

DIRECTIONS

извини́ / те	excuse me	скажи́те, пожа́луйста	tell me please
где...?	where is... ?	пря́мо	straight ahead
нале́во	to the left	напра́во	to the right
(не)далеко́	not far	бли́зко	close
ка́рта	map	киломе́тр	kilometre

как прое́хать / пройти́ в	how do I get to... ?	у́лица	street
вход	entrance	доро́га	road
вы́ход	exit	проспе́кт	avenue
перехо́д	(underground) crossing	пло́щадь	square; area
прохо́д	passage	центр	centre
въезд	entrance (vehicles)	райо́н	area
а́дрес	address	маршру́т	route
платфо́рма	platform		

тротуа́р	pavement	тупи́к	cul-de-sac
перекрёсток	crossroads	переу́лок	alley
светофо́р	traffic lights	бульва́р	alley
сле́ва	on the left	шоссе́	highway
спра́ва	on the right	тра́сса	route (motorway)
паркова́ть	*park*	у́личный	*street*
		вы́веска	*sign, signboard*

ГОРОДСКОЙ ТРАНСПОРТ - TOWN TRANSPORT

е́здить - е́хать / по- (на+PREP)	to go (by)	такси́ (INDECL)	taxi
авто́бус	bus	метро́ (INDECL)	underground
маши́на	car	по́езд	train
автомоби́ль	automobile	трамва́й	tram
велосипе́д	bicycle	тролле́йбус	trolley-bus

лета́ть -лете́ть / по-	to fly	ваго́н	wagon
самолёт	aeroplane	ло́дка	boat
мотоци́кл	motorcycle	пешко́м	on foot
мопе́д	moped	кора́бль (m.)	ship
вертолёт	helicopter		

грузови́к	truck	остано́вка (авто́буса)	(bus) stop
води́ть маши́ну	to drive a car	стоя́нка = парко́вка	car park
электри́чка	electric train (local)	желе́зная доро́га	railway

ДЕ́НЬГИ - MONEY

дорого́й	expensive	э́то до́рого	it's expensive
недорого́й	not too expensive	э́то недо́рого	it's not expensice
дешёвый	cheap	э́то дёшево	it's cheap
ско́лько сто́ит?	how much does it cost?	фунт (сте́рлингов)	pound [sterling]
цена́	price	рубль	rouble
чек	receipt	е́вро	euro
карма́нные де́ньги	pocket money	креди́тная ка́рточка	credit card
нали́чные	cash	курс обме́на	exchange rate
сда́ча	change	обме́нивать/обменя́ть (де́ньги)	to change (money)
счёт в ба́нке	bank account	банкно́та	bank note
ба́нковская ка́рточка	bank card	(доро́жный) чек	(traveller's) cheque

AT THE SHOPS

покупа́ть/купи́ть	to buy	де́лать/с- поку́пки	to shop
плати́ть/за-	to pay	ходи́ть по магази́нам	to go round shops
пода́рок	present	компа́кт диск	CD
сувени́р	souvenir	откры́тка	post card
су́мка	handbag	игру́шка	toy
тра́тить/по- де́ньги на	to spend (money)	продава́ть / прода́ть	to sell
цветы́	flowers	зо́нт(ик)	umbrella
часы́	watch (clock)	кошелёк	purse
фотоаппара́т	camera	бума́жник	wallet
вы́бор	choice, selection	продаве́ц	sales assistant
спи́сок	shopping list	покупа́тель	customer
ски́дка	discount, reduction	цена́	price
вход	entrance	чек	receipt
вы́ход	exit	паке́т	plastic bag
ка́сса	till, check-out	су́мка	shopping bag
лифт	lift	эскала́тор	escalator
духи́	perfume	се́рьги	earrings
ка́чество	quality	разме́р (о́буви)	size (of shoe)
коли́чество	quantity	со ски́дкой	reduced
стоя́ть в о́череди	to queue	примеря́ть/приме́рить	to try on
часы́ рабо́ты	opening hours	выходно́й	rest day, day off
о́чередь	queue	отде́л	department
витри́на	*shop window*	самообслу́живание	*self-service*
корзи́на	*shopping basket*	подпи́сывать / подписа́ть	*to sign (signature)*
теле́жка	*shopping trolley*	нанима́ть / наня́ть	*to rent*
запасно́й вы́ход	*emergency exit*	распрода́жа	*(clearance) sale*

AT THE POST OFFICE

по́чта	post office	конве́рт	envelope
откры́тка	postcard	ма́рка	stamp
письмо́	letter	за грани́цу	abroad (motion)
а́виа(письмо́)	airmail letter	посыла́ть / посла́ть	to send
почто́вый я́щик	*post box*	посы́лка	*packet, package, parcel*

IN THE RESTAURANT

меню́	menu	буфе́т	buffet
счёт	bill	ка́рта вин	wine list
официа́нт / ка	waiter / waitress	сто́лик (на двоих)	table
блю́до	dish	цена́	price
на пе́рвое	first course/starter	у́жинать	to dine
на второ́е	second/main course	зака́зывать / заказа́ть	to order
на десе́рт	for dessert	встреча́ться/ встре́титься	to meet
ждать/подожда́ть	to wait for	серди́ться/рассерди́ться	to get angry
опа́здывать/опозда́ть	to be late	спеши́ть/поспеши́ть	to rush
чаевы́е	*tip*	самообслу́живание	*self-service*

GOING TO THE CHEMIST / DOCTOR

пробле́ма	problem	температу́ра	temparature
табле́тка	tablet	апте́ка	chemist
больни́ца	hospital	у меня́ боли́т/боля́т (+NOM)	my _____ hurts
врач	doctor	(у меня́) боли́т голова́	my head hurts
медсестра́	nurse	поликли́ника	surgery
чу́вствовать себя́ лу́чше	to feel better	чу́вствовать себя́ ху́же	to feel worse
я бо́лен/больна́	I am ill	пить лека́рство	to take medicine
грипп	flu	па́дать / упа́сть	fall
ава́рия	breakdown/accident	слома́ть	to break
боле́знь (f)	*illness*	стоматоло́гия	*dentist's surgery*
ско́рая по́мощь	*ambulance service*	зубно́й врач = стомато́лог	*dentist (person)*

LOSING THINGS

проблéма	**problem**	зóнт(ик)	**umbrella**
терять/по-	**to lose**	часы́	**watch (clock)**
бюрó нахóдок	**lost property office**	фотоаппарáт	**camera**
дéньги	**money**	очки́	**glasses**
бумáжник	wallet	кошелёк	purse
бланк	form (to fill out)	кредúтная кáрточка	credit card
оставлять/остáвить	to leave behind	исчезáть/исчéзнуть	to disappear

THEFT

вор	**thief**	прáвда	**truth**
красть / у-	**to steal**	бланк	**form**
милúция (before 2010)	**police station**	полúция	**police station**
милиционéр (before 2010)	**policeman**	полицéйский	**policeman**
ловúть / поймáть	catch	арестóвывать / арестовáть	to arrest
страховáние	*insurance*	страховáть/за	*to insure*
тюрьмá	*prison*	преступлéние	*crime*
заменять / -úть	*to replace*	крáжа	*theft*

MAKING A COMPLAINT

жáловаться/по-	**to complain**	официáнт/ка	**waiter/waitress**
скúдка	**reduction**	шум	**noise**
чек	**receipt**	ошúбка	**mistake**
жаль	**pity, shame**	получáть / -úть дéньги обрáтно	**to get money back**
обслýживание клиéнтов	customer service	покупáтель	customer
шеф	*boss*	справляться/спрáвиться	*to cope with*
вредúть/по-	*to damage*	ремонтúровать / от-	*to repair*
слóманный	*broken*		

Space for more vocabulary / grammar / notes

Space for more vocabulary / grammar / notes

Travel
путешествия

СТРА́НЫ - COUNTRIES (EUROPE & ASIA)

А́нглия	**England**	**Шотла́ндия**	**Scotland**
Великобрита́ния	**Great Britain**	Уэ́льс	**Wales**
Соединённое Короле́вство	UK		

Евро́па	**Europe**	**Фра́нция**	**France**
Ирла́ндия	**Ireland**	**Герма́ния**	**Germany**
А́встрия	**Austria**	**Ита́лия**	**Italy**
Голла́ндия	**Holland**	**Испа́ния**	**Spain**
Нидерла́нды	**The Netherlands**	**Португа́лия**	**Portugal**
Бе́льгия	**Belgium**	Слове́ния	Slovenia
Люксембу́рг	**Luxembourg**	Хорва́тия	Croatia
Шве́ция	**Sweden**	Гре́ция	Greece
Финля́ндия	**Finland**	Кипр	Cyprus
Да́ния	**Denmark**	Ма́льта	Malta

Ту́рция	**Turkey**	Швейца́рия	Switzerland
Норве́гия	**Norway**	Исла́ндия	Iceland

(Восто́чная Герма́ния)	(East Germany)	По́льша	Poland
Болга́рия	Bulgaria	Ве́нгрия	Hungary
Че́хия	Czech Republic	Румы́ния	Romania
Слова́кия	Slovakia		

Украи́на	**Ukraine**
Белару́сь (Белору́ссия)	Belorus
Молда́вия (Молдо́ва)	Moldova

Эсто́ния	Estonia		
Ла́твия	Latvia		
Литва́	Lithuania		

Росси́я	**Russia**
Сове́тский Сою́з	**Soviet Union**

Гру́зия	**Georgia**	Казахста́н	*Kazakhstan*
Азербайджа́н	Azerbaijan	Кирги́зия	*Kyrgyzstan*
Арме́ния	*Armenia*	Таджикиста́н	*Tajikistan*
		Туркмениста́н	*Turkmenistan*
бы́вший	*former*	Узбекиста́н	*Uzbekistan*

А́зия	**Asia**
Кита́й	**China**
Вьетна́м	Vietnam
Лао́с	Laos
Се́верная Коре́я	North Korea

		И́ндия	**India**
Япо́ния	**Japan**	Пакиста́н	**Pakistan**
Монго́лия	**Mongolia**	Ира́н	**Iran**
Израи́ль	**Israel**	Ира́к	**Iraq**

СТРА́НЫ - COUNTRIES (AMERICA, AUSTRALASIA, AFRICA)

Аме́рика	**America**	**Кана́да**	**Canada**
США	USA	Соединённые Шта́ты	**United States**
Ю́жная Аме́рика	**South America**	Брази́лия	**Brazil**
		Ку́ба	**Cuba**
Австра́лия	**Australia**	**Но́вая Зела́ндия**	**New Zealand**
А́фрика	**Africa**	**Ю́жная А́фрика**	**South Africa**
Еги́пет	Egypt	Маро́кко	Morocco

СТОЛИ́ЦЫ - CAPITAL CITIES

Москва́	**Moscow**	**Пари́ж**	**Paris**
Ло́ндон	**London**	**Санкт-Петербу́рг**	**Saint Petersburg**
Пра́га	**Prague**	Пи́тер	St. Pete's
Рим	**Rome**	Ки́ев	Kiev
		Минск	Minsk

РАЙО́НЫ - REGIONS

регио́н	**region**	Сиби́рь	Siberia
Кавка́з	Caucasus	Крым	Crimea

НАЦИОНА́ЛЬНОСТИ - NATIONALITIES

ру́сский	**Russian (man)**	**ру́сская**	**Russian (woman)**
англича́нин	**Englishman**	**англича́нка**	**Englishwoman**
америка́нец	**American (person)**	америка́нка	**American (female)**
францу́з	**French (man)**	францу́женка	French (woman)
испа́нец	Spanish (man)	испа́нка	Spanish (woman)
не́мец	German (man)	не́мка	German (woman)
наро́д	**people**	друг дру́га	**each other**
на́ция	**nation**		

ПОГО́ДА - THE WEATHER

хоро́шая пого́да	good weather	за́втра бу́дет	tomorrow it will be...
плоха́я пого́да	bad weather	вчера́ был_	yesterday (there) was...
холо́дная пого́да	cold weather	хо́лодно	(it is) cold
тёплая пого́да	warm weather	тепло́	(it is) warm
жа́ркая пого́да	hot weather	жа́рко	(it is) hot
(идёт) дождь (m.)	rain (is going!)	со́лнце (све́тит)	sun (is shining)
(идёт) снег	snow (is going!)	(ду́ет) ве́тер	wind (is blowing)
моро́з	frost	о́блачно	(it is) cloudy
тума́н	fog	температу́ра	temperature
прогно́з пого́ды	weather forecast	гра́дус	degree
лёд	ice	я́сно	(It is) clear
гроза́	storm	прохла́дно	cool
гром	thunder	кли́мат	climate
мо́лния	lightning	ра́дуга	rainbow
град	hail	со́лнечный	sunny
о́блако	cloud	хо́лод	cold
тепло́	warmth	жара́	heat
ту́ча	*storm cloud*	сухо́й	*dry*
лу́жа	*puddle*	мо́крый	*wet*
бу́ря	*storm*	бу́рный	*stormy*
оса́дки	*precipitation*	ледяно́й	*icy*
греме́ть	*to thunder, rumble*	сне́жный	*snowy*

ПУТЕШЕ́СТВИЕ - TRAVELLING

ви́за	visa	биле́т	ticket
докуме́нты	documents, papers	регистра́ция	registration
па́спорт	passport	пассажи́р	passenger
бага́ж	baggage	платфо́рма	platform
чемода́н	suitcase	пое́здка	trip, journey
за грани́цу	abroad (motion)	рубль	rouble
за грани́цей	abroad (place)	фунт	pound (sterling)
бюро́ нахо́док	lost property office	е́вро	euro
ка́мера хране́ния	left luggage office	валю́та	note (currency)
обме́нивать / обменя́ть	to exchange	обме́н валю́ты	currency exchange
зал ожида́ния	waiting area	биле́т в оди́н коне́ц	one-way ticket
счастли́вого пути́!	bon voyage!	обра́тный биле́т	return ticket

В ГОСТИ́НИЦЕ - AT THE HOTEL

но́мер	hotel room, number	балко́н	balcony
лифт	lift	вид	type/sort, view
ке́мпинг	camping	эта́ж	floor
жить в пала́тке	to live in a tent	возвраща́ться / верну́ться	to return
добро́ пожа́ловать	welcome		

ЧТО ДЕ́ЛАТЬ? - WHAT TO DO ON HOLIDAY

тури́ст/ка	tourist	гид	guide
тур	tour	ка́рта	map
экску́рсия	excursion	сувени́р	souvenir
брошю́ра	brochure	туристи́ческое бюро́	tourist office
посеща́ть / посети́ть	to visit	матрёшка	matrioska (Russian Dolls)
загора́ть / загоре́ть	to sunbathe	пляж	beach
купа́ться	bathe	фотоаппара́т	(photo) camera
гуля́ть	walk	фотогра́фия	photo
отдыха́ть	to relax	музе́й	museum
смотре́ть/ посмотре́ть	to watch/ look at	торго́вый центр	shopping centre
вариа́нт	option	собо́р	cathedral
достопримеча́тельности	the sights	изве́стный	famous
		метро́	underground
зкскурсово́д	excursion leader	о́тдых	holiday, rest
ла́герь	camp	о́тпуск	holiday
приключе́ние	adventure	прогу́лка	walk
ба́ня	sauna	отдыха́ющий	holidaymaker

МОСКВА́

река́ Москва́	River Moscow	ГУМ	GUM (State Dept. Store)
Кра́сная пло́щадь	Red Square	Кремль	Kremlin
Истори́ческий музе́й	Historical Museum	Ленингра́дский вокзал	Leningrad Station
мавзоле́й	(Lenin's) Mausoleum	Аэропо́рт Домоде́дово	Domodedovo Airport
Собо́р Васи́лия Блаже́нного	St Basil's Cathedral	Изма́йловский рынок	Izmailovskii Market

САНКТ-ПЕТЕРБУРГ

река́ Нева́	River Neva	Пи́тер	St Pete's
Эрмита́ж	the Hermitage	кана́л	canal
Не́вский проспе́кт	Nevsky Prospect	Моско́вский вокза́л	Moscow station
Аэропо́рт Пу́лково	Pulkovo Airport	Ле́тний сад	The Summer Garden
Миха́йловский теа́тр	Mikhailovskii Theatre	Музе́й блока́ды	The Blockade Museum
Иса́акиевский собо́р	St Isaac's Cathedral	Екатери́нинский дворе́ц	The Catherine Palace

Space for more vocabulary / grammar / notes

Our world
наш мир

НАШ МИР - OUR WORLD

КО́СМОС - SPACE

со́лнце	sun	луна́	moon
плане́та	planet	ко́смос	space
не́бо	sky	небеса́	heavens
во́здух	air	звезда́	star
возду́шный	air	звёздный	star
вселе́нная	universe	земно́й	earth('s)
луч	ray	горизо́нт	horizon

SEAS AND RIVERS

мо́ре	sea	океа́н	ocean
река́	river	Чёрное мо́ре	Black Sea
о́зеро	lake	бе́рег	shore, bank
о́стров	island	на (берегу́) мо́ря	on the coast
ре́чка	small river	волна́	wave
во́дный	water	морско́й	sea
боло́то	swamp	руче́й	stream
зали́в	gulf, bay	полуо́стров	peninsula

LAND

се́вер	north	юг	south
восто́к	east	за́пад	west
Земля́	Earth	приро́да	nature, natural environment
земля́	land, ground	пусты́ня	desert
по́ле	field	луг	meadow
по́чва	soil	приро́дпый	natural
		су́ша	dry land

MOUNTAINS

гора́	mountain	Ура́л	Ural Mountains
холм	hill	доли́на	valley
скала́	rock, cliff	верши́на	peak
пеще́ра	cave	го́рный	mountain

ANIMALS

соба́ка	dog	ко́шка	cat
тигр	tiger	кот	cat (male)
ры́ба	fish	медве́дь	bear
пти́ца	bird	у́тка	duck
ло́шадь	horse	лев	lion
коро́ва	cow	живо́тное	animal
овца́	sheep	мышь	mouse
волк	wolf	зверь	beast
жук	beetle	слон	elephant
паук	spider	гусь	goose
тарака́н	cockroach	инде́йка	turkey
морская свинка	guinea pig	ба́бочка	butterfly
кро́лик	rabbit	щено́к	puppy
конь	horse	акула	shark
котёнок	kitten	му́ха	fly
свинья́	pig	кома́р	mosquito
за́яц	hare	кры́са	rat
змея́	snake	рак	crab
орёл	eagle	ди́кий	wild
козёл	*he-goat*	поро́да	*breed*
коза́	*goat, she-goat*	хвост	*tail*
бык	*bull*	крыло́	*wing*
обезья́на	*monkey*	ла́па	*paw*
насеко́мое	*insect*	мо́рда	*snout*
мураве́й	*ant*	гнездо́	*nest*
		рог	*horn*

TREES

лес	forest	в лесу́	in the woods
де́рево (pl. дере́вья)	tree	ёлка	spruce, fir
сосна́	pine	берёза	birch
куст	*bush*	ве́тка	*branch*
лесно́й	*forest*	ветвь	*branch*
ствол	*trunk*	листо́к	*leaf*
		лист	*leaf*

PLANTS

цветы́	flowers	цвето́к	flower
ро́за	rose	расте́ние	plant
трава́	grass		

HEALTH ISSUES IN SOCIETY

здоро́вье	health	здоро́вый	healthy
вре́дно	it is harmful	пло́хо для здоро́вья	bad for your health
тепе́рь	now	Когда́ я был(а) моло́же	when I was younger
в про́шлом	in the past	чу́вствовать себя́	to feel
волнова́ться	to worry	вы́бор	choice
молодёжь (f)	youth	из-за э́того	due to this
помога́ет те́лу	*it helps your body*	ва́жно для ва́шего органи́зма	*important for your body*

нездоро́вая дие́та	unhealthy diet	здоро́вые проду́кты	healthy food products
шокола́д	chocolate	фру́кты	fruits
конфе́ты	chocolates	сала́т	salad
карто́фель фри	chips, french fries	о́вощи	vegetables
са́хар	sugar	вегетариа́нец (-иа́нка)	vegetarian
соль	salt	много све́жих овоще́й	lots of fresh vegetables
жир	fat	натура́льные проду́кты	natural products
сла́дкая еда	sweet food	ме́ньше мя́са	less meat
газиро́ванные напитки	fizzy drinks	поле́зный	good for you, useful

молоко́	milk	вода́	water
ка́льций и витами́н D	calcium and vitamin D	све́жий фрукто́вый сок	fresh fruit juice
кре́пкие ко́сти	strong bones	витами́ны	vitamins
хоро́ший иммуните́т	good immune system	принима́ть витами́ны в табле́тках	to take vitamin tablets

неакти́вная жизнь	inactive life	фи́тнес	fitness
стре́сс	stress	отдыха́ть	to relax
сиде́ть пере́д (+INSTR)	to sit in front of...	тренирова́ться	to train
видеои́гры	video games	сплю часо́в во́семь ка́ждую но́чь	I sleep 8 hours per night
лени́вая	lazy	хоро́шая атмосфе́ра	good atmosphere
недоста́точно эне́ргии	not enough energy	будь оптими́стом!	be an optimist!
пробле́мы со стре́ссом	problems with stress	о́браз жи́зни	way of life, lifestyle
у меня́ плохо́е настрое́ние	I'm in a bad mood	у меня́ хоро́шее настрое́ние	I'm in a good mood

пи́ть	to drink	алкого́ль	alcohol
во́дка	vodka	спирт	spirit (drink)
пья́ный	drunk	расслабля́ться / расслабиться	to unwind

кури́ть / по-	to smoke	сигаре́та	cigarette
куре́ние	smoking	броса́ть/бро́сить	to give up, throw
вызыва́ть / вы́звать	cause, call	помога́ет мне отдыха́ть	helps me to relax
ведёт к ра́ку	leads to cancer	не хочу́ есть	I don't want to eat

принима́ть/приня́ть	to take	нарко́тики	drugs
гаши́ш	cannabis	нелега́льно	illegal
СПИД	AIDS	разруша́ть / разру́шить	to destroy, ruin
ведёт к сме́ртю	death	быть кру́тым	to be cool
пристрасти́ться к	*to be addicted to*	весели́ться / по-	*to have fun*

ПРАЗДНИКИ - FESTIVALS AND CELEBRATIONS

отмеча́ть / отме́тить	to mark, note / celebrate	пра́здновать /от-	to celebrate

Рождество́	Christmas	С Рождество́м!	Merry Christmas
ве́чером 6-ого января́	On the evening of Jan 6th	7-ого января́	on the 7th of January
ру́сские христиа́не	Russian Christians	отмеча́ют Рождество́	they celebrate Christmas
у́жинают вме́сте	have dinner together	в це́рковь	to church
без мя́са	without meat	они едя́т мя́со и отдыха́ют.	they eat meat and relax

Но́вый год	New Year	С Но́вым го́дом!	Happy New Year
са́мый ва́жный	most important	шампа́нское	champagne
вку́сная еда́	tasty food	ёлка	small fir tree
переда́чи по телеви́зору	TV programmes	получа́ют пода́рки	they get presents
фейерве́рк	fireworks	от Де́да Моро́за	from Grandfather Frost

Па́сха	Easter	на Па́сху	At Easter
ру́сские христиа́не	Russian Christians	да́рят друг дру́гу я́йца	give each other eggs
не шокола́дные я́йца	not chocolate eggs	кули́ч	Easter cake
		вку́сный, сла́дкий хлеб.	tasty, sweet bread
Христо́с воскре́се!	*Christ is risen!*	Вои́стину воскре́се!	*He is risen indeed!*

День побе́ды	Victory Day	9-ое ма́я	9th May
коне́ц войны́	the end of the war	пара́д	parade
выходно́й.	non-working day	фейерве́рк	fireworks

междунаро́дный же́нский день	International Womens Day	8-ое Марта	8th March
получа́ют цветы́	they receive flowers	конфе́ты	chocolates
духи́	perfume	от мужчи́н	from men

День зна́ний	Day of Knowledge	1-ого сентября́	on the 1st of September
нет уро́ков	there are no lessons	де́ти пою́т пе́сни	children sing songs
возвраща́ются в шко́лу	they return to school	учителя́ получа́ют цветы́	teachers receive flowers

RELIGION - РЕЛИГИЯ

ве́рить в Бо́га	to believe in God	ходи́ть в це́рковь	to go to church
петь (церко́вные) ги́мны	to sing hymns	чита́ть би́блию	to read the bible
ве́ра	faith	петь в хо́ре	to sing in a choir
иска́ть смысл жизни	to search for meaning in life	Иису́с Христо́с	Jesus Christ
жизнь по́сле сме́рти	life after death	чу́до	miracle
христиа́нство	Christianity	христиа́нин	christian person
исла́м	Islam	мусульма́нин	muslim person
будди́зм	Buddism	будди́ст	buddhist person
ад	hell	рай	heaven (paradise)
слу́жба	service	правосла́вие	Russian orthodox Christianity
моли́ться (я молю́сь)	*to pray*	испове́доваться	*to confess*
све́тский	*secular*	регигио́зный	*religious*

ENVIRONMENT

окружа́ющая среда́	environment	эколо́гия	ecology
приро́да	nature	плане́та	planet
чи́стый	clean	гря́зный	dirty
зелёная эне́ргия	green energy	ходи́ть пешко́м	to walk
во́здух	air	му́сор	rubbish, litter
шу́мный	noisy	ти́хий	quiet
испо́льзовать	to use	защища́ть	to protect
ката́ться на велосипе́де	to ride a bicycle	райо́н	area/ region
стара́ться	to try (hard) to	на у́лицах	on the streets
перераба́тывать	to recycle	бума́га	paper
пластма́сса	plastic	стекло́	glass
про́бка	traffic jam	час-пи́к	rush hour
эконо́мить	to economise	ме́стный проду́кты	local (food) products
вреди́ть / по-	to harm	вре́дный	dangerous
пестици́ды	pesticides	городско́й тра́нспорт	public transport
выключа́ть/вы́ключить	*to switch off*	у́рна	*rubbish bin (urn)*
привы́чка	*habit*	выбра́сывать / вы́бросить	*throw away, throw out*

TECHNOLOGY

моби́льный телефо́н	mobile phone	пле́ер	mp3 player
компью́тер	computer	лэ́птоп	laptop
файл	file (computer)	но́утбук	laptop
сайт	(web)site	Интерне́т	internet
при́нтер	printer	по интерне́ту	on the internet
моби́льник	mobile	мир	world
совреме́нный	modern, contemporary	ме́тод	method
поле́зный	useful	портати́вный	portable
видеоигра́	video/computer game	вай-фай	wi-fi
электро́нная по́чта	email	экра́н	screen
планше́т	tablet	страни́ца	page
па́пка	folder (computer)	ска́чивать/скача́ть	to download

GOOD PHRASES for SOLUTIONS

мы все должны́	we all should	роди́тели должны́	parents should
учителя́ должны́	teachers should	госуда́рство должно́	the state should
я хоте́л(а) бы (+ INF)	I would like (to...)	мы гото́вы +INF	we are prepared to
бы́ло бы лу́чше, е́сли бы (+past)	it would be better, if...	мы собира́емся +INF	we intend to
(давно́) пора́ +INF	it is (high) time to...	как ми́нимум	at least
чем ра́ньше, тем лу́чше	the earlier, the better	чем бо́льше, тем лу́чше	the more, the better
как мо́жно скоре́е	as soon as possible	как мо́жно ча́ще	as often as possible
ну́жно де́йствовать	we need to take action	принима́ть ме́ры	to take action
с по́мощью	with the help (of)	обрати́ть внима́ние	pay attention
при по́мощи	*with the help (of)*	сле́дующим о́бразом	*in the following way, thus*

я не понима́ю того́, что сейча́с происхо́дит в ми́ре. *I don't understand what's happening in the world right now.*

GLOBAL ISSUES

помога́ть / помо́чь	to help	по́мощь f	help
реша́ть / -и́ть	to solve	реше́ние	solution
причи́на	reason	жизнь (f)	life
собира́ть де́ньги	to collect money	стать волонтёром	to become a volunteer
проводи́ть вре́мя с ни́ми	to spend time with them	образова́ние	education
ну́жные ве́щи	necessary items	плати́ть за	to pay for
обору́дование	equipment	подде́рживать/поддержа́ть	to support

террори́зм	terrorism	тера́кт	terrorist act
террори́ст	terrorist	риск	risk
экстреми́ст	extremist	экстреми́зм	extremism
бо́мба	bomb	на тра́нспорте	on transport
в больши́х города́х	in big towns	везде́	everywhere
взрыв	explosion	быть внима́тельным	to be aware

бездо́мный	homeless	на у́лицах	on the streets
пробле́мы с семьёй	problems with their family	нет рабо́ты	there is no work
с нарко́тиками	with drugs	це́ны домо́в	house prices
с алкого́лем	with alcohol	бомж	Homeless person
голо́дный	starving	благотвори́тельная организа́ция	a charity
поро́чный круг	a vicious circle	убе́жище	shelter

бе́дность	poverty	де́ньги	money
бога́тый	rich	бе́дный	poor
зараба́тывать/ зарабо́тать	to earn	зарпла́та	salary
нера́венство	inequality	ме́ньше одного́ до́ллара в день	less than a dollar a day

престу́пность f	crime	подро́стки	teenagers
красть / у-	to steal	из-за бедности	due to poverty

поли́тика	politics	поли́тик	a politician
сканда́л	scandal	корру́пция	corruption
дикта́тор	dictator	демокра́тия	democracy
президе́нт	president	СМИ	media
нече́стный	dishonest	но́вости	news
прави́тельство	government	госуда́рство	state
вы́боры	elections	взя́тка	bribe
доверя́ть/-ить (+DAT)	to trust (somebody)	дове́рие	trust

иммигра́ция	immigration	иммигра́нт	immigrant
найти́ рабо́ту	to find work	опа́сно	it is dangerous
из-за войны́	due to war	без стра́ха	without fear
в бо́лее стаби́льную страну́	to a more stable country	усло́вия	conditions
оставля́ть/ оста́вить ста́рую жизнь	to escape their old life	начина́ть/нача́ть с чи́стого листа́	to start from scratch

This many words...	represents this much of a GCSE text by volume....
7	20%
19	30%
36	40%
65	50%
100	58%
200	70%
300	78%
400	84%
500	88%
600	91%
700	93%
800	95%
1202	(100%)

GSCE FREQUENCY VOCABULARY LIST (from 2010-2014)

Compiled by Y11 2014/15:

Debbie, Ollie, Tom, Miles, Helen, Hethvi, Aarti, Jack, Izzy, Niamh, Naqib, Maya (c), Theo, Kizzy, Lucy, Lou

In this section, words that frequently occur, but that are frequently forgotten by students have been highlighted)

50 MOST COMMON WORDS

		freq	cum. %
в / во	in/at, to/into	415	5.2%
я, меня, меня, мне, мной, обо мне	I, me, etc	363	9.8%
и	and	238	12.8%
быть	to be	168	15.0%
на	on/in/at, onto/to/into	163	17.0%
что(?)	that, what?	123	18.6%
у	in the possession of, by, at	120	20.1%
мы, нас, нас, нам, нами, о нас	we, us, etc	105	21.4%
этот, это	this	86	22.5%
не	not	78	23.5%
с / со	with / since, down from	74	24.4%
но	but	70	25.3%
он, его, его, ему, им, о нём (ЕГО) (ОНО)	he, him, etc (his, it)	70	26.2%
хороший, хорошо, лучше	good, well, better	62	27.0%
новый	new	58	27.7%
год	year	57	28.4%
вы, вас, вас, вам, вами, о вас	you	56	29.1%
очень	very	55	29.8%
ходить - идти / пойти (шёл)	to go (on foot)	55	30.5%
работать / по-	to work	54	31.2%
говорить / сказать	to talk, speak, tell	52	31.9%
где?	where	49	32.5%
по	along, according to	49	33.1%
а	and, but (rather)	47	33.7%
день	day	47	34.3%
она, её, её, ей, ей, о ней (ЕЁ)	she, her (hers)	46	34.9%
есть / съ- (ел)	to eat	45	35.4%
любить / по-	to love	45	36.0%
школа	school	45	36.6%
весь, всё, все, всего	all, everything, everyone, entire	44	37.1%
город	town, city	43	37.7%
хотеть / за-	to want	42	38.2%
большой, больший, больше	big, bigger, more	41	38.7%
можно	it is possible (may, can)	40	39.2%
человек, люди	person, people	40	39.7%
надо	it is necessary (must, have to)	37	40.2%
ездить - ехать / поехать	to go (by transport)	36	40.7%
играть / сыграть	to play	35	41.1%
ты, тебя, тебе, тобой, о тебе	you	35	41.5%
каждый	every	34	42.0%
мой	my	32	42.4%
там	there	32	42.8%
для	for	31	43.2%
нравиться / по-	it is pleasing (like)	31	43.6%
о / об	about	31	44.0%
они, их, их, им, ими, о них (ИХ)	they, them, etc	31	44.3%
думать / по-	to think	29	44.7%
много, многие	many, lots of	29	45.1%
звать / по- (зовут)	to call, name (they call)	28	45.4%
друг	friend	27	45.8%

WORDS THAT OCCUR MORE THAN 10 TIMES

Russian	English	freq	cum. %
как	how, like	27	46.1%
когда?	when	27	46.5%
наш	our, ours	27	46.8%
работа	work, job	26	47.1%
только	only	26	47.5%
ресторан	restaurant	25	47.8%
делать / с-	to do	24	48.1%
жить / по-	to live	24	48.4%
или	or	23	48.7%
покупать / купить	to buy	23	49.0%
знать	to know	22	49.2%
самый	most, the very	22	49.5%
молодой	young	21	49.8%
пример	example	21	50.0%
русский	Russian	21	50.3%
так	so	21	50.6%
час, часы	hour, watch/clock	21	50.8%
магазин	shop	20	51.1%
музыка	music	20	51.3%
гостиница	hotel	19	51.6%
да	yes	19	51.8%
дом, дома, домой	house, at home, home(wards)	19	52.1%
из	from, (out) of	19	52.3%
интересный	interesting	19	52.5%
от	from	19	52.8%
автобус	bus	18	53.0%
вечер, вечером	evening, in the evening	18	53.2%
заниматься(ся) / заняться(ся)	occupy (yourself with), to do	18	53.5%
к	towards, to (a person)	18	53.7%
неделя	week	18	53.9%
один	one	18	54.2%
еда	food	17	54.4%
который	which, what, who	17	54.6%
центр	centre	17	54.8%
до	before, until, to	16	55.0%
первый	first	16	55.2%
, потому что	because	16	55.4%
семья	family	16	55.6%
театр	theatre	16	55.8%
, чем	than	16	56.0%
ваш	your, yours	15	56.2%
время	time	15	56.4%
два, две (2)	two	15	56.6%
есть (2)	(there) is, (there) are	15	56.8%
за	after, behind, for	15	57.0%

какой?	what kind of, which?	freq	cum. %
мама	mum	15	57.3%
музей	museum	15	57.5%
получать / -йть	to receive	15	57.7%
также	also	15	57.9%
деньги, денег	money	14	58.1%
лето, летом	summer	14	58.3%
после	after, afterwards	14	58.4%
фильм	film	14	58.6%
часто, чаще	often, more often	14	58.8%
готовить / при-	to prepare, cook	13	59.0%
изучать / -йть	to learn, study (something)	13	59.1%
мочь / с-	to be able to	13	59.3%
нет	no, there is not/none of	13	59.4%
проблема	problem	13	59.6%
сегодня	today	13	59.8%
становиться / стать	to become	13	59.9%
будущий	future	12	60.1%
другой	other, another	12	60.2%
если	if	12	60.4%
любимый	favourite, beloved	12	60.5%
офис	office	12	60.7%
пожалуйста	please	12	60.8%
старый, старший, старше	old, older, elder	12	61.0%
учитель	teacher	12	61.0%
, чтобы	in order to, so that	12	61.1%
английский	English	11	61.3%
всегда	always	11	61.4%
дорога	road	11	61.6%
дорогой, дорого, дороже	expensive, dear, more expensive	11	61.7%
маленький, меньше	small, smaller, less	11	61.8%
обычный	usual	11	62.0%
подарок	gift	11	62.1%
популярный	popular	11	62.3%
раз	(one) time, once	11	62.4%
ребёнок, дети	child, children	11	62.5%
суббота	Saturday	11	62.7%
трудный	difficult	11	62.8%
язык	language, tongue	11	63.0%
бассейн	pool	10	63.1%
билет	ticket	10	63.2%
выставка	exhibition	10	63.3%
даже	even	10	63.5%
иногда	sometimes	10	63.6%
концерт	concert	10	63.7%
номер	number, hotel room	10	63.8%

		freq	cum. %
писать / на-	to write	10	64.0%
подкаст	podcast	10	64.1%
помогать / помочь (+DAT)	to help	10	64.2%
ранний, рано	early	10	64.3%
рождение	birth	10	64.5%
сейчас	now	10	64.6%
скорый	quick	10	64.7%
смотреть / по-	to watch	10	64.9%
спорт	sport	10	65.0%
стена	wall	10	65.1%
утро, утром	morning, in the morning	10	65.2%
учиться / на-	to study	10	65.4%
вкусный	tasty	9	65.5%
далёкий, далеко, дальше	far, further	9	65.6%
интересовать(ся) / за-	to be interested in	9	65.7%
к сожалению	unfortunately	9	65.8%
кафе	café	9	65.9%
конечно	of course	9	66.0%
метро	Metro, underground	9	66.2%
находится	is situated	9	66.3%
одежда	clothing, clothes	9	66.4%
отдыхать / отдохнуть	to relax, rest	9	66.5%
открывать(ся) / открыть(ся)	to open	9	66.6%
отличный	excellent	9	66.7%
папа (m)	dad	9	66.8%
плохой, плохо	bad, badly	9	66.9%
почта	post office	9	67.1%
почти	almost	9	67.2%
район	area, district	9	67.3%
родитель	parent	9	67.4%
сайт	site	9	67.5%
такой	such, so	9	67.6%
телевизор	television	9	67.7%
уже	already	9	67.9%
ужин	dinner	9	68.0%
улица	street	9	68.1%
читать / про-	to read	9	68.2%
важный	important	8	68.3%
городской	urban, town	8	68.4%
забывать / забыть	to forget	8	68.5%
развивать / развить	to develop	8	68.6%
клуб	club	8	68.7%
красивый	beautiful	8	68.8%
кто?	who	8	68.9%
кухня	kitchen	8	69.0%
машина	car, machine	8	69.1%
море	sea	8	69.2%
находить / найти	to find	8	69.3%
недалеко от (+GEN)	near to, not far from	8	69.4%
обед	lunch	8	69.5%
особенно	especially, particularly	8	69.6%
посещать / посетить	to visit (a place)	8	69.7%
потом	after, afterwards	8	69.8%
предмет	(school) subject, item	8	69.9%
рекомендовать	to recommend	8	70.0%
свободный	free, unoccupied	8	70.1%
сеть	network	8	70.2%
социальный	social	8	70.3%
теннис	tennis	8	70.4%
тот	that	8	70.5%
университет	university	8	70.6%
школьник	pupil	8	70.7%
школьный	school	8	70.8%
эксперт	expert	8	70.9%
электронный	electronic	8	71.0%
администрация	administration	7	71.1%
видеть / у-	to see, catch sight of	7	71.2%
графити	graffiti	7	71.3%
деревня	village	7	71.4%
должен	ought, should	7	71.5%
завтра	tomorrow	7	71.6%
казаться / по-	to seem	7	71.6%
каникулы	vacation, holidays	7	71.7%
кататься на (+PREP)	to ride (on)	7	71.8%
класс	class, year	7	71.9%
книга	book	7	72.0%
конкурс	competition	7	72.1%
станция метро	metro station	7	72.2%
музыкант	musician	7	72.3%
ну...	well...	7	72.4%
продавать / продать	to sell	7	72.4%
прошлый	last, past, previous	7	72.5%
рисовать / на-	to draw, paint	7	72.6%
свой	one's (own)	7	72.7%
себя, себе, собой, о себе	oneself	7	72.8%
сестра	sister	7	72.9%
снег	snow	7	73.0%
согласный (с + INSTR) - (+DAT)	agreed (with) - according to	7	73.1%
спокойный	calm	7	73.2%
туда	(to) there	7	73.2%

WORDS THAT OCCUR MORE THAN 5 TIMES

Russian	English	freq	cum. %
фестиваль	festival	7	73.3%
холодный, холодно	cold	7	73.4%
четверг	Thursday	7	73.5%
бабушка	grandmother	6	73.6%
бесплатный	free (of charge)	6	73.7%
библиотека	library	6	73.7%
блюдо	dish	6	73.8%
брат	brother	6	73.9%
воскресенье	Sunday	6	74.0%
врач	doctor	6	74.0%
выбирать / выбрать	to choose	6	74.1%
граффитист	graffiti artist	6	74.2%
гулять / по-	to walk, wander	6	74.3%
давать / дать	to give	6	74.3%
дарить / по-	to give a gift	6	74.4%
делать покупки	to do the shopping	6	74.5%
дешёвый, дёшево, дешевле	cheap	6	74.6%
директор	director	6	74.6%
дискотека	disco	6	74.6%
добрый	good, kind	6	74.7%
жаркий, жарче	hot, hotter	6	74.8%
жизнь (f)	life	6	74.9%
звонить / по-	to ring, call	6	74.9%
зоопарк	zoo	6	75.0%
квартира	flat	6	75.1%
коллекция	collection	6	75.2%
красный	red	6	75.2%
мясо	meat	6	75.3%
назад	ago, back(wards)	6	75.4%
например	for example	6	75.5%
начинать(ся) / начать(ся)	to begin, start	6	75.6%
нужный, нужно	necessary, it is neccesary	6	75.6%
открытый	open	6	75.7%
парк	park	6	75.8%
стоять	to stand	6	75.9%
стоить	to cost	6	76.0%
плавать - плыть / поплыть	to swim, sail	6	76.0%
план	plan	6	76.1%
посылать / послать	to send	6	76.1%
практика	practice	6	76.2%
приезжать / приехать	to arrive, come (by transport)	6	76.2%
пятница	Friday	6	76.3%
разный	different, all kinds of	6	76.4%
следующий	next, following	6	76.5%
среда	Wednesday	6	76.5%
страна	country	6	76.7%
студент	student	6	76.8%
считать	to count, consider	6	76.9%
телефон	telephone	6	76.9%
тридцать	thirty	6	77.0%
ужасный	awful, terrible	6	77.1%
через	through, across, after (time)	6	77.1%
шесть	six	6	77.2%
актёр	actor	5	77.3%
бы (+PAST)	would	5	77.3%
быстрый	fast, quick	5	77.3%
веб	web	5	77.4%
велосипед	bicycle	5	77.5%
вот	here	5	77.5%
второй	second	5	77.6%
дача	summer cottage, dacha	5	77.7%
долгий, долго	long, for a long time	5	77.8%
домашний	home, domestic	5	77.9%
душ	shower	5	77.9%
душа	soul	5	78.0%
завод	factory, plant	5	78.0%
завтрак	breakfast	5	78.0%
зарплата	salary	5	78.1%
здоровый, здорово!	healthy, awesome!	5	78.2%
зима	winter	5	78.2%
зона	zone	5	78.3%
инструмент	instrument, tool	5	78.4%
испанский	Spanish	5	78.4%
конец	end, finish	5	78.5%
место	place	5	78.5%
мода	fashion	5	78.6%
молодёжь (f)	youth	5	78.7%
мужчина (m)	man	5	78.7%
носить - нести / понести / по-	to carry, wear (regularly)	5	78.8%
обедать / по-	to have lunch	5	78.9%
пляж	beach	5	78.9%
погода	weather	5	79.0%
под	under	5	79.1%
почему?	why?	5	79.1%
предпочитать / предпочесть	to prefer	5	79.2%
проводить	to lead, spend, carry out	5	79.2%
просто	simply, just	5	79.3%
рабочий	worker, working, work	5	79.4%
рецепт	recipe, prescription	5	79.4%
решать / -ить	to decide, solve	5	79.5%
свежий	fresh	5	79.6%

		freq	cum. %
семь	seven	5	79.6%
сидеть / по-	to sit	5	79.7%
скрипка	violin	5	79.7%
слушать / по- (+ACC)	to listen to	5	79.8%
солнце	sun	5	79.9%
спортивный	sports, sporting	5	79.9%
станция	station	5	80.0%
твой	your, yours	5	80.1%
тоже	too, also	5	80.1%
ученик	pupil	5	80.2%
фабрика	factory	5	80.3%
французский	French	5	80.3%
экскурсия	excursion	5	80.4%
юг	south	5	80.4%
биология	biology	4	80.5%
больница	hospital	4	80.5%
бутерброд	(open) sandwich	4	80.6%
весёлый, весело, веселее	fun, cheerful, more fun	4	80.6%
вид	look, view, type of	4	80.7%
встречать(ся) / встретить(ся)	to meet	4	80.7%
газета	newspaper	4	80.8%
география	geography	4	80.8%
гора	mountain	4	80.9%
граница	border	4	80.9%
девушка	girl	4	81.0%
детский	child's	4	81.0%
диплом	diploma, degree	4	81.1%
довольно	quite	4	81.1%
довольный	satisfied	4	81.2%
дождь	rain	4	81.3%
ещё	more, still	4	81.3%
жаль	pity, sad	4	81.4%
ждать / подождать	to wait	4	81.4%
женщина	woman	4	81.5%
журналист	journalist	4	81.5%
заказывать / заказать	to order	4	81.6%
зал	hall, room	4	81.6%
здоровье	health	4	81.7%
иностранный	foreign	4	81.7%
история	history, story	4	81.8%
кино	cinema	4	81.8%
компьютер	computer	4	81.9%
конечный	final	4	81.9%
кофе	coffee	4	82.0%
кошка	cat	4	82.0%
Лёгкий, легко, легче	easy, light, easier	4	82.1%
на лыжах	on skis	4	82.1%
мало	little, not much, few	4	82.2%
месяц	month	4	82.2%
молодец!	well done!	4	82.3%
никогда (не)	never	4	82.3%
обмен	exchange	4	82.4%
однако	however	4	82.4%
оркестр	orchestra	4	82.5%
пешком	on foot	4	82.5%
поезд	train	4	82.6%
понимать / понять	to understand	4	82.6%
привёт!	hi!	4	82.7%
прямо	straight, directly	4	82.7%
пять	five	4	82.8%
разговаривать	to talk, chat	4	82.8%
российский	Russian (geo-political)	4	82.9%
сначала	at first	4	82.9%
современный	modern	4	83.0%
соревнование	competition	4	83.0%
спальня	bedroom	4	83.1%
спектакль	performance, play	4	83.1%
специалист	specialist	4	83.2%
талантливый	talented	4	83.2%
танцевать / по-	to dance	4	83.3%
тёплый, тепло	warm	4	83.3%
три	three	4	83.4%
турист	tourist	4	83.4%
участвовать / по-	to take part in	4	83.5%
фотоаппарат	camera	4	83.5%
фрукт	fruit	4	83.6%
футбол	football	4	83.6%
хоккей	hockey	4	83.7%
цвет, цвета	colour(s)	4	83.7%
цветок, цветы	flower(s)	4	83.8%
шоколад	chocolate	4	83.8%
экзамен	exam	4	83.9%
этаж	floor, storey	4	83.9%
алло	hello (telephone)	3	84.0%
аптека	pharmacy, chemist shop	3	84.0%
аэропорт	airport	3	84.0%
балет	ballet	3	84.1%
банк	bank	3	84.1%
банка	jar	3	84.2%

WORDS THAT OCCUR 3 TIMES (end of Top 500 words)

Russian	English	freq	cum. %
без	without	3	84.2%
бе́рег	shore, bank	3	84.2%
би́знес	business	3	84.3%
бли́зкий, бли́же (от +GEN)	close, closer (to)	3	84.3%
блин	pancake, damn!	3	84.3%
брать / взять	to take	3	84.4%
буфе́т	cafeteria, buffet, sideboard	3	84.4%
вечери́нка	party	3	84.5%
во́здух	air	3	84.5%
вокза́л	station	3	84.5%
волейбо́л	volleyball	3	84.6%
вто́рник	Tuesday	3	84.6%
высо́кий, вы́ше	tall, high, higher	3	84.6%
га́мбургер	hamburger	3	84.7%
гость	guest	3	84.7%
гото́вый	ready, willing, prepared	3	84.8%
гря́зный	dirty	3	84.8%
два́дцать	twenty	3	84.8%
дворе́ц	palace	3	84.9%
де́душка (m)	grandfather	3	84.9%
диза́йнер	designer	3	84.9%
диск	disc	3	85.0%
жа́ловать(ся) / по-	to complain	3	85.0%
жена́	wife	3	85.1%
жи́тель	inhabitant, resident	3	85.1%
зада́ние	task, assignment	3	85.1%
зака́нчивать(ся) / зако́нчить(ся)	to finish, end	3	85.2%
закрыва́ться / закры́ться	to close	3	85.2%
золото́й	gold	3	85.3%
идеа́льный	ideal	3	85.3%
извини́(те)!	excuse me!	3	85.3%
инжене́р	engineer	3	85.4%
Интерне́т	Internet	3	85.4%
информа́тика	I.T.	3	85.4%
информа́ция	information	3	85.5%
карти́на	painting, picture	3	85.5%
кио́ск	small shop, kiosk	3	85.6%
кни́жный	book (adj)	3	85.6%
кома́нда	team	3	85.6%
коммуника́ция	communication	3	85.7%
ко́мната	room	3	85.7%
компью́терный	computer (adj)	3	85.7%
комфорта́бельный	comfortable	3	85.8%
конце́ртный	concert (adj)	3	85.8%
косме́тика	make-up	3	85.9%
кури́ть / по-	to smoke	3	85.9%
лес	forest, woods	3	85.9%
ма́рка	stamp, brand	3	86.0%
матема́тик	mathematician	3	86.0%
матема́тика	mathematics	3	86.1%
матрёшка	Russian doll	3	86.1%
ме́бель	furniture	3	86.1%
мо́дный	fashionable	3	86.2%
монола́сты	Monofin (!)	3	86.2%
моро́женое	ice-cream	3	86.2%
мыть / по-	to wash	3	86.3%
мэр	mayor	3	86.3%
наде́яться / по-	to hope, rely	3	86.4%
напро́тив	opposite, on the contrary	3	86.4%
небольшо́й	small, little	3	86.4%
невку́сный	not tasty	3	86.5%
неда́вно	recently, not long ago	3	86.5%
недорого́й	inexpensive	3	86.5%
немно́го	little, a bit	3	86.6%
необы́чный	unusual	3	86.6%
ни	no, neither, nor	3	86.6%
нового́дний	New Year (adj)	3	86.7%
норма́льный	normal, regular, OK	3	86.7%
ночь (f)	night	3	86.8%
о́вощи	vegetables	3	86.8%
о́зеро	lake	3	86.8%
организо́вывать / организова́ть	to organize, arrange	3	86.9%
откры́тка	postcard	3	86.9%
отсю́да	from here	3	87.0%
пе́ред	before, in front	3	87.0%
пиджа́к	jacket, coat	3	87.0%
пла́вание	swimming	3	87.1%
по́вар	chef, cook	3	87.1%
пока́	while, bye!	3	87.2%
пока́зывать / показа́ть	to show	3	87.2%
поэ́тому	therefore, that's why	3	87.2%
пра́вда	truth	3	87.3%
прекра́сный	fine, great	3	87.3%
про́бка	cork, traffic jam	3	87.3%
програ́мма	programme	3	87.4%
пя́тый	fifth	3	87.4%
рад	happy, glad	3	87.5%
рок	rock	3	87.5%
руба́шка	shirt	3	87.5%

WORDS THAT OCCUR 3 TIMES

Russian	English	freq	cum. %
ры́ба	fish	3	87.6%
сала́т	salad	3	87.6%
свети́ть / по-	to shine	3	87.6%
сентя́брь	September	3	87.7%
ску́чный	boring	3	87.7%
смартфо́н	smartphone	3	87.8%
спаси́бо	thank you, thanks	3	87.8%
спать / по-	to sleep	3	87.8%
специа́льность	profession	3	87.9%
стадио́н	stadium	3	87.9%
стол	table	3	87.9%
стро́ить / по-	to build	3	88.0%
супермаркет	supermarket	3	88.0%
сча́стье, к сча́стью	happiness, fortunately	3	88.1%
те́ма	theme, topic	3	88.1%
тра́нспорт	transport	3	88.1%
тра́тить / по-	to spend, waste (money)	3	88.2%
ту́фля	shoe	3	88.2%
удо́бный	comfortable, convenient	3	88.3%
удово́льствие	pleasure	3	88.3%
у́жас	horror	3	88.3%
узнава́ть	to recognize, find out	3	88.4%
ура́!	hooray!	3	88.4%
фо́рум	forum	3	88.4%
хо́бби (indecl)	hobby (indecl)	3	88.5%
хотя́	although, but	3	88.5%
цирк	circus	3	88.6%
ша́пка	cap, hat	3	88.6%
шарф	scarf	3	88.6%
шу́мный	noisy	3	88.7%
ю́бка	skirt	3	88.7%
ю́ный	young	3	88.7%
а́дрес	address	2	88.8%
архитекту́ра	architecture	2	88.8%
аэро́бика	aerobics	2	88.8%
бадминто́н	badminton	2	88.8%
баскетбо́л	basketball	2	88.9%
бе́гать -бежа́ть / побежа́ть	to run	2	88.9%
бе́лый	white	2	88.9%
бизнесме́н	businessman	2	88.9%
бо́лее (+adj/adv)	more	2	89.0%
боле́ть / за-	to hurt, be ill, support	2	89.0%
большинство́	majority	2	89.0%
броса́ть / бро́сить	to throw	2	89.0%

Russian	English	freq	cum. %
брю́ки	trousers	2	89.1%
вегетариа́нец	vegetarian (m)	2	89.1%
вегетериа́нка	vegetarian (f)	2	89.1%
ве́тер	wind	2	89.1%
взро́слый	adult	2	89.2%
возвраща́ть(ся) / верну́ть(ся)	to return	2	89.2%
возмо́жность	opportunity, possibility	2	89.2%
во́семь	eight	2	89.2%
впечатле́ние	impression	2	89.3%
встава́ть / встать	stand (up), get up	2	89.3%
вы́бор	choice	2	89.3%
выбра́сывать / вы́бросить	throw away, throw out	2	89.3%
выгляде́ть	to look (like)	2	89.4%
вы́играть	to win	2	89.4%
выходи́ть / вы́йти	to go out, exit	2	89.4%
га́джет	gadget	2	89.5%
га́лстук	tie	2	89.5%
гид	(tour) guide	2	89.5%
гита́ра	guitar	2	89.5%
гла́вный	chief, main	2	89.6%
гора́здо	much (more) (+comparative)	2	89.6%
гости́ная	living room	2	89.6%
гра́дус	degree	2	89.6%
гриб	mushroom	2	89.7%
гроза́	storm	2	89.7%
де́вочка	little girl	2	89.7%
держа́ть / по-	to keep, hold	2	89.7%
де́сять	ten	2	89.8%
дие́та	diet	2	89.8%
дли́нный	long	2	89.8%
дра́ма	drama	2	89.8%
Евро́па	Europe	2	89.9%
журна́л	magazine	2	89.9%
за́втракать / по-	to have breakfast	2	89.9%
закры́тый	closed	2	89.9%
знако́миться / по-	meet, get to know	2	90.0%
игра́	game	2	90.0%
игру́шка	toy	2	90.0%
иде́я	idea	2	90.0%
изве́стный	well-known, famous	2	90.1%
институ́т	institute	2	90.1%
интеракти́вный	interactive	2	90.1%
италья́нский	Italian	2	90.1%
ию́нь	June	2	90.2%

Russian	English	freq	cum. %
кабинет	cabinet, study	2	90.3%
каток	ice rink	2	90.3%
кемпинг	camping	2	90.4%
ключ	key	2	90.4%
колбаса	sausage	2	90.4%
коллега (m/f)	colleague	2	90.4%
комментарий	comment(ary)	2	90.5%
комплекс	complex	2	90.5%
контроль	control	2	90.5%
конференция	conference	2	90.5%
кончаться / кончиться	to finish, run out	2	90.6%
корреспондент	correspondent	2	90.6%
костюм	suit, costume	2	90.6%
критик	critic	2	90.6%
кричать / крикнуть	to shout, scream	2	90.7%
кровь	blood	2	90.7%
куда	where (to)	2	90.7%
курица	chicken	2	90.7%
лифт	lift	2	90.8%
март	March	2	90.8%
май	May	2	90.8%
международный	international	2	90.8%
менеджер	manager	2	90.9%
минута	minute	2	90.9%
мир	world, peace	2	90.9%
мистер	Mister	2	90.9%
мнение	opinion	2	91.0%
мобильный	mobile	2	91.0%
московский	Moscow (adj)	2	91.0%
мужской	male, men's	2	91.0%
музыкальный	music, musical	2	91.1%
надевать / надеть	to put on	2	91.1%
называться / назваться	to be called	2	91.1%
наконец	finally	2	91.1%
наука	science	2	91.2%
начало	beginning	2	91.2%
нельзя	it is forbidden, you must not	2	91.2%
неплохой, неплохо	not bad, decent	2	91.2%
неприятный	unpleasant	2	91.3%
несколько	several, a few	2	91.3%
нехорошо	not good	2	91.3%
ничего	nothing, OK	2	91.3%
обожать	to adore	2	91.4%
огромный	huge	2	91.4%
окно	window	2	91.4%

Russian	English	freq	cum. %
около	near, by	2	91.4%
омлет	omelette	2	91.5%
оптимистичный	optimistic	2	91.5%
организатор	organiser	2	91.5%
остановка	(transport) stop	2	91.5%
осторожный	cautious, careful	2	91.6%
отвечать / ответить	to reply, answer	2	91.6%
отдых	holiday, rest	2	91.6%
отель	hotel	2	91.6%
отец	father	2	91.7%
отмечать / отметить	to mark, celebrate	2	91.7%
паспорт	passport	2	91.7%
пассажир	passenger	2	91.7%
пенсионер	pensioner	2	91.8%
передача	programme, transmission	2	91.8%
переезжать / переехать	to move (house)	2	91.8%
пианино	piano	2	91.8%
пить / выпить	to drink	2	91.9%
платить / за-	to pay	2	91.9%
платье	dress	2	91.9%
последующий	subsequent	2	91.9%
подруга	friend (female)	2	92.0%
политик	politician	2	92.0%
помнить	to remember, recall	2	92.0%
помощь	help (noun)	2	92.0%
понедельник	Monday	2	92.1%
популярность	popularity	2	92.1%
появляться / появиться	to appear	2	92.1%
праздник	holiday, festival	2	92.1%
приглашать / пригласить	to invite	2	92.2%
приз	prize	2	92.2%
проходить / пройти	to pass (by)	2	92.2%
публика	crowd, public	2	92.2%
пьеса	play (drama)	2	92.3%
расписание	timetable, schedule	2	92.3%
регулярно	regularly	2	92.3%
река	river	2	92.3%
рождаться / родиться	to be born	2	92.4%
рубль (m)	ruble, rouble	2	92.4%
сам	myself, yourself, himself	2	92.4%
свитер	sweater	2	92.4%
север	north	2	92.5%
секрет	secret	2	92.5%
синий	(dark) blue	2	92.5%
скрипачка	violinist	2	92.5%

WORDS THAT OCCUR TWICE

English	Russian	freq	cum. %
too (+adj, adv)	слишком	2	92.6%
to hear	слышать / у-	2	92.6%
dog	собака	2	92.6%
to collect, pick (up)	собирать / собрать	2	92.6%
to advise	советовать / по-	2	92.7%
to create	создавать / создать	2	92.7%
juice	сок	2	92.7%
sponsor	спонсор	2	92.8%
sportsman, athlete	спортсмен	2	92.8%
immediately, at once	сразу	2	92.8%
statistics	статистика	2	92.8%
style	стиль	2	92.9%
hundred	сто	2	92.9%
dining room, canteen	столовая	2	92.9%
construction	строительство	2	92.9%
chair, stool (faeces)	стул	2	93.0%
souvenir	сувенир	2	93.0%
bag	сумка	2	93.0%
super, great	супер	2	93.0%
son	сын	2	93.1%
(to) here	сюда	2	93.1%
tablet, pill	таблетка	2	93.1%
taxi	такси	2	93.1%
talent	талант	2	93.2%
now	теперь	2	93.2%
to lose	терять / по-	2	93.2%
teenager	тинейджер	2	93.3%
quiet, quieter	тихий, тише	2	93.3%
trading, shopping	торговый	2	93.3%
cake	торт	2	93.3%
traditional	традиционный	2	93.4%
third	третий	2	93.4%
fog	туман	2	93.4%
to tidy, clear	убирать / убрать	2	93.4%
to leave (by transport)	уезжать / уехать	2	93.5%
department store	универмаг	2	93.5%
university (adj)	университетский	2	93.5%
fast food	фаст-фуд	2	93.5%
physical education	физкультура	2	93.6%
firm	фирма	2	93.6%
fitness	фитнес	2	93.6%
bread	хлеб	2	93.6%
artist	художник	2	93.7%
price	цена	2	93.7%
central	центральный	2	93.7%
tea, tip	чай	2	93.7%
championship	чемпионат	2	93.7%
black	чёрный	2	93.8%
four	четыре	2	93.8%
clean, pure	чистый	2	93.8%
to feel, sense	чувствовать / по- (себя)	2	93.8%
sixteen	шестнадцать	2	93.9%
boss	шеф	2	93.9%
economy	экономика	2	93.9%
energy	энергия	2	93.9%
enthusiasm	энтузиазм	2	94.0%
January	январь	2	94.0%
August	август	1	94.0%
bus (adj)	автобусный	1	94.0%
autograph	автограф	1	94.0%
car	автомобиль	1	94.0%
car (adj)	автомобильный	1	94.1%
active	активный	1	94.1%
actress	актриса	1	94.1%
accent, emphasis	акцент	1	94.1%
alcohol	алкоголь	1	94.1%
April	апрель	1	94.1%
to arrest	арестовывать / арестовать	1	94.1%
artist, actor	артист	1	94.2%
architect	архитектор	1	94.2%
atmosphere	атмосфера	1	94.2%
balcony	балкон	1	94.2%
at a run	бегом	1	94.2%
poor	бедный	1	94.2%
library (adj)	библиотечный	1	94.2%
businesswoman	бизнесмёнка	1	94.2%
steak	бифштекс	1	94.2%
form	бланк	1	94.3%
blouse	блузка	1	94.3%
boyfriend	бойфренд	1	94.3%
sick, painful, patient	больной	1	94.3%
to fear, be afraid	бояться / по-	1	94.3%
brochure	брошюра	1	94.3%
bouquet	букет	1	94.3%
bakery	булочная	1	94.4%
to happen, occur, visit	бывать	1	94.4%
vandal	вандал	1	94.4%
bathroom	ванная	1	94.4%
suddenly	вдруг	1	94.4%

		freq	cum. %
век	century	1	94.5%
вестибюль	vestibule, hall	1	94.5%
видеокамера	video camera	1	94.5%
видеоклип	video clip	1	94.5%
висеть / по-	to hang	1	94.6%
включать / -ить	to include, turn on	1	94.6%
владелец	owner	1	94.6%
вместе	together	1	94.6%
внимание	attention	1	94.6%
вовремя	in time, on time	1	94.6%
вода	water	1	94.6%
возраст	age	1	94.6%
волгоградский	Volgograd (adj)	1	94.7%
волос	hair	1	94.7%
вопрос	question, issue	1	94.7%
восемьдесят	eighty	1	94.7%
восточный	eastern	1	94.7%
встреча	meeting	1	94.7%
вход	entrance, log-in	1	94.7%
вчера	yesterday	1	94.7%
вызывать / вызвать	to cause	1	94.8%
высказать	to express	1	94.8%
выход	exit, way out	1	94.8%
выходной, выходные	day off, weekend	1	94.8%
газетный	newspaper (adj)	1	94.8%
галерея	gallery	1	94.8%
гарантировать	to ensure, guarantee	1	94.8%
гимназия	grammar school	1	94.8%
гимнастика	gymnastics	1	94.9%
глаз	eye	1	94.9%
глупый	stupid, silly	1	94.9%
голубой	light blue, gay (slang)	1	94.9%
горло	throat	1	94.9%
группа	group, grouping	1	94.9%
грустный	sad	1	94.9%
давно	long, long ago	1	94.9%
двенадцатилётний	12-year-old	1	95.0%
движение	movement, traffic	1	95.0%
девяносто	ninety	1	95.0%
декабрь	December	1	95.0%
делегация	delegation	1	95.0%
дело	thing (to do), business, case	1	95.0%
деловой	business (adj)	1	95.0%
десятый	tenth	1	95.0%
детство	childhood	1	95.1%
диван	sofa	1	95.1%
диджей	DJ	1	95.1%
прогресс	progress	1	95.1%
домик	(small) house	1	95.1%
дочь	daughter	1	95.1%
дружба	friendship	1	95.1%
дружелюбный	friendly, amicable	1	95.1%
дурак	fool	1	95.2%
дуть / дунуть	to blow	1	95.2%
дядя (m)	uncle	1	95.2%
евро	Euro	1	95.2%
европейский	European	1	95.2%
ежедневный	daily	1	95.2%
ёлка	(Christmas) tree, fir tree	1	95.2%
же	(adds emphasis), indeed	1	95.2%
животное	animal	1	95.3%
жюри	jury	1	95.3%
закуска	appetizer, snack	1	95.3%
заменять / -ить	to replace	1	95.3%
занятие	lesson, occupation	1	95.3%
запад	west	1	95.3%
запланированный	planned	1	95.3%
звезда	star	1	95.3%
здание	building	1	95.4%
здравствуй(те), да здравствует	hello, long live/hail!	1	95.4%
зелёный	green	1	95.4%
зеркало	mirror	1	95.4%
зимний	winter (adj)	1	95.4%
знаменитый	famous	1	95.4%
знание	knowledge	1	95.4%
значок	badge	1	95.4%
зуб	tooth	1	95.5%
и.т.д. (и так далее)	etc	1	95.5%
изменять / изменить	to change, be unfaithful	1	95.5%
икра	caviar	1	95.5%
именно	namely, exactly	1	95.5%
иметь	to possess, have	1	95.5%
имя	name	1	95.5%
инвалид	disabled person	1	95.6%
инвестор	investor	1	95.6%
индивидуальный	individual (adj)	1	95.6%
йога	yoga	1	95.6%
йогурт	yoghurt	1	95.6%
итак	so	1	95.6%
июль	July	1	95.6%

Russian	English	freq	cum. %
камера	cell, room, camera	1	95.7%
карандаш	pencil	1	95.7%
карман	pocket	1	95.7%
карта	card, map	1	95.7%
картофель	potatoes	1	95.8%
карьера	career	1	95.8%
катастрофа	catastrophe, crash	1	95.8%
качество	quality	1	95.8%
кинозвезда	film star	1	95.8%
киноклуб	film club	1	95.8%
кинорежиссёр	film director	1	95.8%
классический	classic	1	95.8%
колесо	wheel	1	95.9%
количество	quantity	1	95.9%
комикс	comic(s)	1	95.9%
коммуникационный	communication (adj)	1	95.9%
компакт диск	compact disc	1	95.9%
компактный	compact	1	95.9%
компания	company	1	95.9%
композитор	composer	1	95.9%
на коньках	on (ice) skates	1	96.0%
конкурент	competitor	1	96.0%
контролировать / про-	to control, monitor	1	96.0%
кормить / на-	to feed	1	96.0%
короткий, короче	short, shorter (in short, basically)	1	96.0%
корт	court	1	96.0%
кошелёк	purse	1	96.0%
крайний	extreme, far	1	96.1%
красть / у-	to steal	1	96.1%
кремль	Kremlin, fortress	1	96.1%
кроме	besides, apart from	1	96.1%
кроссовки	trainers (shoes)	1	96.1%
круг	circle	1	96.1%
кружок	circle, hobby group, c ub	1	96.1%
крупный	large, substancial	1	96.1%
кулинария	cooking	1	96.1%
кулинарный	cooking (adj)	1	96.2%
курс	course	1	96.2%
кёмпинг	camping	1	96.2%
лаборатория	laboratory	1	96.2%
лев	lion	1	96.2%
лежать / по-	to lie	1	96.2%
лекция	lecture	1	96.2%
летать - лететь / полететь	to fly	1	96.2%
летний	summer (adj)	1	96.3%
ли	whether	1	96.3%
лимонад	lemonade	1	96.3%
литература	literature	1	96.3%
ловить / поймать	to catch	1	96.3%
лодка	boat	1	96.3%
ложиться / лечь	to lie (down)	1	96.3%
любитель	lover, amateur	1	96.3%
майка	T-shirt	1	96.4%
мастер	master	1	96.4%
материал	material	1	96.4%
матч	match	1	96.4%
мать	mother	1	96.4%
медалистка	medallist (f)	1	96.4%
медаллист	medallist (m)	1	96.4%
медаль	medal	1	96.4%
медицина	medicine	1	96.5%
медицинский	medical	1	96.5%
медленный	slow	1	96.5%
меню	menu	1	96.5%
мера	measure	1	96.5%
метод	method	1	96.5%
механик	mechanic	1	96.5%
мечта	dream	1	96.5%
мечтать / по-	to dream	1	96.5%
милиция	police	1	96.6%
миллиард	billion	1	96.6%
миллион	million	1	96.6%
минус	minus	1	96.6%
мобильник	mobile phone	1	96.6%
мороз	frost	1	96.6%
музыкантка	musician (f)	1	96.6%
налево	to the left	1	96.7%
напиток	drink	1	96.7%
направо	to the right	1	96.7%
народ	people, nation	1	96.7%
натуральный	natural	1	96.7%
национальность	nationality, ethnicity	1	96.7%
начальник	head, boss	1	96.7%
невозможный	impossible	1	96.7%
нелегальный	illegal	1	96.8%
немедленно	immediately	1	96.8%
немецкий	German	1	96.8%
ненавидеть / воз-	to hate	1	96.8%
неожиданный	unexpected	1	96.8%
непопулярный	unpopular	1	96.8%

WORDS THAT OCCUR ONCE

Russian	English	freq	cum. %
неправильный	wrong, irregular	1	96.8%
нервничать	to be nervous	1	96.8%
несмотря (на то, что)	despite	1	96.9%
несовременный	not modern	1	96.9%
несчастливый	unhappy	1	96.9%
нетерпение	impatience	1	96.9%
новость	news	1	96.9%
нога	leg, foot	1	96.9%
нота	note	1	96.9%
ноябрь	November	1	97.0%
образ	image, way	1	97.0%
обсуждать / обсудить	to discuss	1	97.0%
общественный	public	1	97.0%
одеваться / одеться	to get dressed	1	97.0%
однажды	once (one day)	1	97.0%
одноклассник	schoolmate	1	97.0%
окончить	to finish	1	97.0%
олимпийский	Olympic	1	97.1%
опаздывать / опоздать	to be late	1	97.1%
опера	opera	1	97.1%
операция	operation	1	97.1%
описывать / описать	to describe	1	97.1%
опрос	survey, poll	1	97.1%
оригинальный	original	1	97.1%
отдавать	return, give	1	97.2%
открытие	opening, discovery	1	97.2%
отмывать / отмыть	to clean off	1	97.2%
отпуск	holiday	1	97.2%
офисный	office (adj)	1	97.2%
официальный	official	1	97.2%
официант	waiter	1	97.2%
очки	glasses, spectacles	1	97.2%
палатка	tent	1	97.3%
пальто	coat	1	97.3%
пассивный	passive	1	97.3%
пение	singing	1	97.3%
переводчик	translator	1	97.3%
перевозить / перевезти	to transport (across)	1	97.3%
переписка	correspondence	1	97.3%
пианистка	pianist (f)	1	97.3%
пикник	picnic	1	97.4%
пинг понг	ping pong	1	97.4%
пир	feast	1	97.4%
письменный	written	1	97.4%
плакат	poster	1	97.4%
планировать / за-	plan	1	97.4%
плеер	MP3 player	1	97.4%
побеждать / победить	to win, to be victorious	1	97.4%
побывать	to be (visit)	1	97.4%
говорить / поговорить	to talk	1	97.5%
пожилой	elderly	1	97.5%
поздно	late	1	97.5%
поздравлять / поздравить	to congratulate	1	97.5%
позитивный	positive	1	97.5%
поиграть	to have a play (pf)	1	97.5%
покупатель	shopper	1	97.5%
полезный	useful, good (for you)	1	97.5%
поликлиника	medical centre, outpatient clinic	1	97.6%
полиция	police	1	97.6%
полка	shelf	1	97.6%
полночь	midnight	1	97.6%
полный	full, total	1	97.6%
понятно	it is understood	1	97.6%
портрет	portrait	1	97.6%
посетитель	visitor	1	97.6%
последний	recent, last	1	97.7%
поступать / -ить (в +ACC)	to enter, enrol	1	97.7%
почитать	read, respect, worship	1	97.7%
праздновать / от-	to celebrate	1	97.7%
практически	practically	1	97.7%
практичность	practicality	1	97.7%
предлагать / предложить	offer, propose	1	97.7%
президент	president	1	97.7%
престижный	prestigious	1	97.8%
приезд	arrival	1	97.8%
принимать / принять	to take	1	97.8%
принимать участие в (+PREP)	to take part in	1	97.8%
приходить / прийти	to arrive, come (on foot)	1	97.8%
приходиться / прийтись	to have to (do something)	1	97.8%
прогноз	forecast	1	97.8%
программист	programmer	1	97.8%
продавщица	shop assistant (female)	1	97.9%
продукт	product	1	97.9%
профессиональный	professional (adj)	1	97.9%
профессия	profession	1	97.9%
процент	per cent, percentage	1	97.9%
прыгать / прыгнуть	to jump	1	97.9%
публиковать / о-	publication, journal article	1	97.9%
пусть он/она	let him/her (+ 3rd.p.sing)	1	97.9%
путешественник	traveller	1	98.0%

WORDS THAT OCCUR ONCE

		freq	cum. %
путеше́ствовать / по-	to travel	1	98.0%
пюре́	puree (mash)	1	98.0%
пятна́дцать	fifteen	1	98.0%
пятьдеся́т	fifty	1	98.0%
ра́вный	equal	1	98.0%
ра́дио	radio	1	98.0%
разгово́р	talk, conversation	1	98.0%
регио́н	region	1	98.1%
ре́дкий, ре́же	rare, rarer	1	98.1%
режи́м	mode, regime	1	98.1%
резиде́нт	resident	1	98.1%
рекла́ма	advertisement	1	98.1%
табли́ца	table, chart	1	98.1%
рели́гия	religion	1	98.1%
ремо́нт	repair, renovation	1	98.2%
рис	rice	1	98.2%
родно́й	(one's) own, native	1	98.2%
рождество́	Christmas	1	98.2%
на ро́ликах	on roller-skates	1	98.2%
роль (f)	role	1	98.2%
рост	growth, height	1	98.2%
ру́чка	pen, handle	1	98.2%
рыжий	ginger	1	98.3%
рэп	rap	1	98.3%
рюкза́к	rucksack	1	98.3%
ря́дом (с + INSTR)	nearby, next to	1	98.3%
сади́ться / сесть	to sit down	1	98.3%
самова́р	samovar, ornamental kettle	1	98.3%
са́ндвич	sandwich	1	98.3%
сафа́ри	safari	1	98.4%
све́тлый	light (adj)	1	98.4%
светофо́р	traffic light	1	98.4%
свида́ние	meeting, date	1	98.4%
се́верный	northern	1	98.4%
сезо́н	season	1	98.4%
семьсо́т	seven hundred	1	98.4%
серьёзный	serious	1	98.4%
сериа́л	serial, soap opera	1	98.4%
се́рый	grey	1	98.5%
сигаре́та	cigarette	1	98.5%
си́ла	strength, force	1	98.5%
систе́ма	system	1	98.5%
ситуа́ция	situation	1	98.5%
скача́ть	to download	1	98.5%
ски́дка	discount	1	98.5%
ско́лько	how many, how much	1	98.5%

		freq	cum. %
сла́ва	glory, fame	1	98.6%
сла́дкий, сла́ще	sweet, sweeter	1	98.6%
сле́ва	left	1	98.6%
слова́рь	dictionary	1	98.6%
сло́во	word	1	98.6%
лома́ть / с-	to break	1	98.6%
смета́на	sour cream	1	98.6%
снима́ть / снять	to rent, remove, withdraw, shoot (film)	1	98.6%
сно́ва	again	1	98.7%
собира́ться / собра́ться	to prepare, plan (to do something)	1	98.7%
собо́р	cathedral	1	98.7%
сове́т	council, advice	1	98.7%
совсе́м	completely, really, utterly	1	98.7%
сосе́д	neighbour	1	98.7%
соси́ска	sausage	1	98.7%
состоя́ться	to take place	1	98.7%
спина́	back	1	98.8%
спортза́л	gym	1	98.8%
спра́шивать / спроси́ть	to ask	1	98.8%
среди́	among(st)	1	98.8%
сре́дний	average, middle	1	98.8%
старомо́дный	old fashioned	1	98.8%
столи́ца	capital	1	98.8%
сторона́	side	1	98.8%
стро́гий	strict	1	98.9%
студе́нтка	student (female)	1	98.9%
студе́нческий	student (adj)	1	98.9%
су́мма	amount	1	98.9%
суп	soup	1	98.9%
суперсовреме́нный	super-modern	1	98.9%
сыр	cheese	1	98.9%
та́нец	dance, dancing	1	98.9%
таре́лка	plate, bowl	1	99.0%
телеви́дение	television (concept)	1	99.0%
телевизио́нный	television (adj)	1	99.0%
тележурна́л	TV magazine	1	99.0%
телеви́зор	television (set)	1	99.0%
температу́ра	temperature	1	99.0%
те́хника	equipment, technique	1	99.0%
технологи́ческий	technological	1	99.0%
техноло́гия	technology	1	99.0%
типи́чный	typical	1	99.1%
ти́тул	title (prize)	1	99.1%
тишина́	silence	1	99.1%

WORDS THAT OCCUR ONCE

Russian	English	freq	cum. %
точно	exactly	1	99.1%
традиция	tradition	1	99.1%
регулировать	to regulate, adjust	1	99.1%
тренд	trend	1	99.1%
тренер	coach (sport)	1	99.2%
тренироваться	to train	1	99.2%
триллер	thriller	1	99.2%
троллейбус	trolley bus	1	99.2%
труба	trumpet, pipe, chimney	1	99.2%
трудовой	labour, work (adj)	1	99.2%
тысяча	thousand	1	99.2%
увлекаться / увлечься	to be enthusiastic about, keen on	1	99.3%
угол	corner, angle	1	99.3%
удобство	convenience	1	99.3%
ужинать / по-	to have dinner	1	99.3%
умирать / умереть	to die	1	99.3%
умница	clever girl	1	99.3%
уникальный	unique	1	99.3%
(уни)форма	uniform	1	99.3%
падать / упасть	to fall	1	99.4%
успевать / успеть	to manage, suceed	1	99.4%
успех	success	1	99.4%
устанавливать / установить	to establish, install	1	99.4%
учительница	teacher (f)	1	99.4%
фактор	factor	1	99.4%
фамилия	surname	1	99.4%
февраль	February	1	99.4%
фермер	farmer	1	99.5%
физический	physical	1	99.5%
финал	final	1	99.5%
финансировать	to finance	1	99.5%
финансовый	financial	1	99.5%
флейта	flute	1	99.5%
фойе	foyer	1	99.5%
фотограф	photographer	1	99.5%
фри	fries, chips	1	99.6%
фруктовый	fruit (adj)	1	99.6%
фунт	pound	1	99.6%
футбольный	football (adj)	1	99.6%
холод	cold (noun)	1	99.6%
хомяк	hamster	1	99.6%
хореографический	dance (adj)	1	99.6%
худой	thin	1	99.6%
хулиган	hooligan	1	99.7%
цифровой	digital	1	99.7%
часть	part, proportion	1	99.7%
четырнадцать	fourteen	1	99.7%
чистить / по-	to clean	1	99.7%
член	member	1	99.7%
чтение	reading	1	99.7%
чувство	feeling	1	99.8%
чудесный	wonderful	1	99.8%
шанс	chance	1	99.8%
шахматы	chess	1	99.8%
шестой	sixth	1	99.8%
шестьдесят	sixty	1	99.8%
шок	shock	1	99.8%
шорты	shorts	1	99.8%
шофёр	driver	1	99.9%
эгоист	egoist	1	99.9%
элегантный	elegant	1	99.9%
электрик	electrician	1	99.9%
электричество	electricity	1	99.9%
электроника	electronics	1	99.9%
электротехник	electro-technician	1	99.9%
эскалатор	escalator	1	99.9%
юмор	humour	1	99.9%
яркий	bright, colourful	1	100%

BASIC ADJECTIVE AND NOUN ENDINGS

		Masculine		Feminine		Neuter	
		adj.	noun	adj.	noun	adj.	noun
N	singular	-ый	-	-ая	-а	-ое	-о
A	singular	-ый	-	-ую	-у	-ое	-о
AA(G)	singular	-ого	-а			-ого	-а
G	singular	-ого	-а	-ой	-ы	-ого	-а
D	singular	-ому	-у	-ой	-е	-ому	-у
I	singular	-ым	-ом	-ой	-ой	-ым	-ом
P	singular	-ом	-е	-ой	-е	-ом	-е
N	plural	-ые	-ы	-ые	-ы	-ые	-а
A	plural	-ые	-ы	-ые	-ы	-ые	-а
AA(G)	plural	-ых	-ов	-ых	-		
G	plural	-ых	-ов	-ых	-	-ых	-
D	plural	-ым	-ам	-ым	-ам	-ым	-ам
I	plural	-ыми	-ами	-ыми	-ами	-ыми	-ами
P	plural	-ых	-ах	-ых	-ах	-ых	-ах

These are the basic endings you need to know. Note that **Animate Accusative = Genitive** *But there are also two important spelling rules which may affect these endings:*

Rule 1 (Hissy/spitty): after **г, к, х, ж, ч, ш, щ** do not write **ы**. Write **и**.

Rule 2: after **ж, ч, ш, щ and ц** don't write an unstressed **о**. Write **е**.

Gen. pl. Masc. nouns ending in ж, ч, ш, щ *end in* -ей

		Masc. (-й)	Masc. (-ь)	Fem. (-я)	Fem (-ья)	Neut. (-е)	Neut. (-ье)
N	singular	музе́й	стиль	неде́ля	семья́	мо́ре	пла́тье
A	singular	музе́й	стиль	неде́лю	семью́	мо́ре	пла́тье
G	singular	музе́я	сти́ля	неде́ли	семьи́	мо́ря	пла́тья
D	singular	музе́ю	сти́лю	неде́ле	семье́	мо́рю	пла́тью
I	singular	музе́ем	сти́лем	неде́лей	семьёй	мо́рем	пла́тьем
P	singular	музе́е	сти́ле	неде́ле	семье́	мо́ре	пла́тье
N	plural	музе́и	сти́ли	неде́ли	се́мьи	моря́	пла́тья
A	plural	музе́и	сти́ли	неде́ли	се́мьи	моря́	пла́тья
G	plural	музе́ев	сти́лей	неде́ль	семе́й	море́й	пла́тьев
D	plural	музе́ям	сти́лям	неде́лям	се́мьям	моря́м	пла́тьям
I	plural	музе́ями	сти́лями	неде́лями	се́мьями	моря́ми	пла́тьями
P	plural	музе́ях	сти́лях	неде́лях	се́мьях	моря́х	пла́тьях

These are the 'soft' variations on the endings you have learned above. They are basically the same, but the vowels are 'shifted' as below:

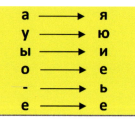

а ⟶ я
у ⟶ ю
ы ⟶ и
о ⟶ е
- ⟶ ь
е ⟶ е

note that the genitive plural endings are weird! All -ь nouns go to -ей

		(few Masc -ь)	Masc -анин	Fem. (-ь)	Fem. (-ия)	Neut. (-ие)	Neut. (-я)
N	singular	путь	-анин	жизнь	а́рмия	зда́ние	вре́мя
A	singular	путь	-анина	жизнь	а́рмию	зда́ние	вре́мя
G	singular	пути́	-анина	жи́зни	а́рмии	зда́ния	вре́мени
D	singular	пути́	-анину	жи́зни	а́рмии	зда́нию	вре́мени
I	singular	путём	-анином	жи́знью	а́рмией	зда́нием	вре́менем
P	singular	пути́	-анине	жи́зни	а́рмии	зда́нии	вре́мени
N	plural	пути́	-ане	жи́зни	а́рмии	зда́ния	времена́
A	plural	пути́	-ан	жи́зни	а́рмии	зда́ния	времена́
G	plural	путе́й	-ан	жи́зней	а́рмий	зда́ний	времён
D	plural	путя́м	-анам	жи́зням	а́рмиям	зда́ниям	времена́м
I	plural	путя́ми	-анами	жи́знями	а́рмиями	зда́ниями	времена́ми
P	plural	путя́х	-анах	жи́знях	а́рмиях	зда́ниях	времена́х

Most -ь nouns are feminine. Lots of countries end in -ия Lots of neuter nouns end in -ие

So… make sure you learn the three declensions in bold. There are a number of patterns you can spot to help you learn them!

1) if the adjective is end-stressed, the masculine singular ending is -ой
2) remember to follow the two spelling rules above (right)
3) some 'soft' adjectives (-ний) have ий, яя/юю, ее endings in the nom./acc. sing. е/и replace о/ы in endings.

Adjective variations

PERSONAL PRONOUNS, AND FULL DECLENSIONS OF OTHER USEFUL WORDS...

	1st p. s.	2nd p. s.	3rd person singular			1st p. pl.	2nd p. pl.	3rd p. pl.
			он	она́	оно́			
N	я	ты	он	она́	оно́	мы	вы	они́
A	меня́	тебя́	(н)его́	(н)её	(н)его́	нас	вас	(н)их
G	меня́	тебя́	(н)его́	(н)её	(н)его́	нас	вас	(н)их
D	мне	тебе́	(н)ему́	(н)ей	(н)ему́	нам	вам	(н)им
I	мной	тобой	(н)им	(н)ей	(н)им	на́ми	ва́ми	(н)и́ми
P	мне	тебе́	нём	ней	нём	нас	вас	них

		masc.	fem.	neut.	plu.
N		**сам**	**сама́**	**само́**	**са́ми**
A	**себя́**	сам	сама́	само́	са́ми
G	себя́	самого́	самой	самого́	сами́х
D	себе́	самому́	самой	самому́	сами́м
I	собой	сами́м	самой	сами́м	сами́ми
P	себе́	само́м	самой	само́м	сами́х

meaning 'myself', 'yourself', etc, себя (etc) always refers back to the subject...

BUT the 'emphatic pronoun' **сам/а/о/и** *(etc) adds emphasis to the preceding (pro)noun*

кто?	что?
кого?	что?
кого?	чего?
кому?	чему?
кем?	чем?
ком?	чём?

	masc.	fem.	neut.	plu.	masc.	fem.	neut.	plu.
N	**э́тот**	**э́та**	**э́то**	**э́ти**	**тот**	**та**	**то**	**те**
A	э́тот	э́ту	э́то	э́ти	тот	ту	то	те
G	э́того	э́той	э́того	э́тих	того́	той	того́	тех
D	э́тому	э́той	э́тому	э́тим	тому́	той	тому́	тем
I	э́тим	э́той	э́тим	э́тими	тем	той	тем	те́ми
P	э́том	э́той	э́том	э́тих	том	той	том	тех

these tables are for when 'this' or 'that' is **attached** to the noun

the endings are similar, but in the **ТОТ** declension **и** becomes **е**

	masc.	fem.	neut.	plu.	masc.	fem.	neut.	plu.
N	**чей?**	**чья?**	**чьё?**	**чьи?**	**весь**	**вся**	**всё**	**все**
A	чей?	чью?	чьё?	чьи?		всю	всё	все
G	чьего́?	чьей?	чьего́?	чьих?	всего́	всей	всего́	всех
D	чьему́?	чьей?	чьему́?	чьим?	всему́	всей	всему́	всем
I	чьим?	чьей?	чьим?	чьи́ми?	всем	всей	всем	все́ми
P	чьём?	чьей?	чьём?	чьих?	всём	всей	всём	всех

'чей?' means 'whose?' and agrees like an adjective

this full conjugation of весь is needed when the word 'all' is attached to the noun. But...

	masc.	fem.	neut.	pl.	masc.	fem.	neut.	pl.
N	**мой**	**моя́**	**моё**	**мои́**	**наш**	**на́ша**	**на́ше**	**на́ши**
A	мой	мою́	моё	мои́	наш	на́шу	на́ше	на́ши
G	моего́	мое́й	моего́	мои́х	на́шего	на́шей	на́шего	на́ших
D	моему́	мое́й	моему́	мои́м	на́шему	на́шей	на́шему	на́шим
I	мои́м	мое́й	мои́м	мои́ми	на́шим	на́шей	на́шим	на́шими
P	моём	мое́й	моём	мои́х	на́шем	на́шей	на́шем	на́ших

like мой: твой, свой

like наш: ваш

SELECTED IRREGULAR NOUNS

	no singular		irregular plurals of regular singulars		sing.	pl.
N	**лю́ди**	**де́ти**	**друзья́**	**дере́вья**	**мать**	**ма́тери**
A	люде́й	дете́й	друзе́й	дере́вья	мать	матере́й
G	люде́й	дете́й	друзе́й	дере́вьев	ма́тери	матере́й
D	лю́дям	де́тям	друзья́м	дере́вьям	ма́тери	матеря́м
I	людьми́	детьми́	друзья́ми	дере́вьями	ма́терью	матеря́ми
P	лю́дях	де́тях	друзья́х	дере́вьях	ма́тери	матеря́х

like друзья: сын(овья)

like дерево: брат(ья), лист(ья), стул(ья)

like мать: дочь

(ALMOST) EVERYTHING YOU EVER WANTED TO KNOW ABOUT VERBS...

Type 1
mostly -ать, -ять

игра́ть
игра́ю
игра́ешь
игра́ет
игра́ем
игра́ете
игра́ют

Type 1b
constant stem change

писа́ть	жить
пишу́	живу́
пи́шешь	живёшь
пи́шет	живёт
пи́шем	живём
пи́шете	живёте
пи́шут	живу́т

Type 2
mostly -еть, -ить

говори́ть	
говорю́*	*be careful with the 1st p.sing: often -у after consonants. There is also often a consonant mutation (see right)*
говори́шь	
говори́т	
говори́м	
говори́те	
говоря́т	

б -	блю
в -	влю
м -	млю
п -	плю
д -	жу
з -	жу
с -	шу
т -	чу
т -	щу
ст -	щу

Reflexive verbs:
remove -ся; conjugate normally; add -сь/-ся after vowel / consonant

занима́ться
занима́юсь
занима́ешься
занима́ется
занима́емся
занима́етесь
занима́ются

There are lots of very common type 1b verbs - you need to learn the kinds of constant stem mutations that happen. Here are some common examples:

рисова́ть	рису́ю, рису́ешь
танцева́ть	танцу́ю, танцу́ешь
дава́ть	даю́, даёшь
е́хать	е́ду, е́дешь
идти́	иду́, идёшь
найти́ (pf.)	найду́, найдёшь
пить	пью, пьёшь
петь	пою́, поёшь
мыть	мо́ю, мо́ешь
откры́ть (pf.)	откро́ю, откро́ешь
быть (pf.)	бу́ду, бу́дешь
сказа́ть (pf.)	скажу́, ска́жешь
звать	зову́, зовёшь
стать (pf.)	ста́ну, ста́нешь
ждать	жду, ждёшь
иска́ть	ищу́, и́щешь
брать	беру́, берёшь
взять (pf.)	возьму́, возьмёшь
име́ть	име́ю, име́ешь
уме́ть	уме́ю, уме́ешь
успе́ть	успе́ю, успе́ешь
пла́кать	пла́чу, пла́чешь
нача́ть (pf.)	начну́, начнёшь
заня́ть (pf.)	займу́, займёшь
поня́ть (pf.)	пойму́, поймёшь
снять (pf.)	сниму́, сни́мешь
плыть	плыву́, плывёшь
дуть	ду́ю, ду́ешь
класть	кладу́, кладёшь
везти́	везу́, везёшь
вести́	веду́, ведёшь
нести́	несу́, несёшь
расти́	расту́, растёшь

хоте́ть
хочу́
хо́чешь
хо́чет
хоти́м
хоти́те
хотя́т

мочь
могу́
мо́жешь
мо́жет
мо́жем
мо́жете
мо́гут

есть
ем
ешь
ест
еди́м
еди́те
едя́т

дать
дам
дашь
даст
дади́м
дади́те
даду́т

AN EXAMPLE OF A FULL CONJUGATION

		imperfective	perfective
infinitive		чита́ть	прочита́ть
PRESENT — sing	1p	чита́ю	
	2p	чита́ешь	
	3p	чита́ет	
PRESENT — plural	1p	чита́ем	
	2p	чита́ете	
	3p	чита́ют	
PAST	m.	чита́л	прочита́л
	f.	чита́ла	прочита́ла
	n.	чита́ло	прочита́ло
	pl.	чита́ли	прочита́ли
FUTURE — sing	1p	бу́ду чита́ть	прочита́ю
	2p	бу́дешь чита́ть	прочита́ешь
	3p	бу́дет чита́ть	прочита́ет
FUTURE — plural	1p	бу́дем чита́ть	прочита́ем
	2p	бу́дете чита́ть	прочита́ете
	3p	бу́дут чита́ть	прочита́ют
imperative		чита́й(те)!	прочита́й(те)!
subjunctive		чита́л_ бы	прочита́л_ бы
gerund		чита́я	прочита́в
participles pres. act.		чита́ющий	*formed from 3rd p. pl. of imperfective verbs*
past act.		чита́вший	прочита́вший *formed from past tense stem*
pres. pass.		чита́емый	*formed from 1st p pl. of imperfective transitive verb*
past pass.			прочи́тан(ный) *formed from perfective transitive verbs*

reflexives
add -СЯ
regardless of preceding letter

PICK AND MIX OF OTHER USEFUL THINGS

	1 (m)	1 (f)	1 (n)	1 (pl)	2 (m/n)	2 (f)	3	4	-ь
N	оди́н	одна́	одно́	одни́*	два	две	три	четы́ре	-ь
A	оди́н	одну́	одно́	одни́	два	две	три	четы́ре	-ь
G	одного́	одно́й	одного́	одни́х	двух		трёх	четырёх	-и
D	одному́	одно́й	одному́	одни́м	двум		трём	четырём	-и
I	одни́м	одно́й	одни́м	одни́ми	двумя́		тремя́	четырьмя́	-ью
P	одно́м	одно́й	одно́м	одни́х	двух		трёх	четырёх	-и

* одни: as well as meaning 'some' (одни... другие...),
use with plural-only nouns

VERBS THAT TAKE SURPRISING CASES

ACC заставля́ть / заста́вить — to force

GENITIVE
- жда́ть — to wait for
- ожида́ть — to expect
- жела́ть / по- — to desire
- иска́ть — to seek
- проси́ть /по- — to request
- тре́бовать / по- — to demand
- достига́ть / достигну́ть — to achieve
- боя́ться — to fear
- избега́ть/избежа́ть — to avoid
- хоте́ть (+abstract noun) — to want

DATIVE
- помога́ть / помо́чь — to help
- разреша́ть / -и́ть — to allow
- позволя́ть / позво́лить — to allow
- запреща́ть / звпрети́ть — to forbid
- меша́ть / по- — to hinder
- звони́ть — to call
- сове́товать / по- — to advise
- вреди́ть / по- — to harm
- ве́рить / по- — to believe
- доверя́ть / -ить — to trust
- учи́ть (subject) — to teach

INSTRUMENTAL
- быть * (*less specific) — to be
- явля́ться / яви́ться * — to be
- станови́ться / стать — to become
- занима́ться / заня́ться — to do
- интересова́ться - to be interested in
- увлека́ться / увле́чься — to be keen on
- любова́ться / по- — to admire
- по́льзоваться / вос- — to use
- горди́ться — to be proud
- ока́зываться / оказа́ться — to turn out
- владе́ть — to own
- управля́ть — to manage
- дыша́ть — to breathe
- па́хнуть — to smell of
- же́ртвовать / по- — to sacrifice
- страда́ть — to suffer
- рискова́ть/рискну́ть — to risk

GENERAL USE OF CASE

NOM	SUBJECT
ACC	(DIRECT) OBJECT
GEN	"OF", possesion, quantity, absence, neg. verb
DAT	INDIRECT OBJECT, 'to' (a person), impersonals
INSTR	"WITH" (using), "BY", "AS", passive agents
PREP	after only a few prepositions

see p8 for which cases follow which prepositions...

RULES OF В / НА

1. в/на +ACC — MOTION - to, into*
2. в/на +PREP — STATIC LOCATION - at, in*

*на is also **onto/on**

3. играть в +ACC — to play a SPORT
4. играть на +PREP — to play a MUSICAL INSTRUMENT
5. на +PREP — by a MODE OF TRANSPORT
6. в +ACC — TIME PHRASES (shorter than a week)
7. на +PREP — TIME PHRASES (weeks)
8. в +PREP — TIME PHRASES (longer than a week)

places that prefer на (use в for all others)

се́вер	восто́к	юг	за́пад	compass points
стадио́н	вокза́л	заво́д	фа́брика	large open buildings
по́чта	ста́нция	да́ча	факульте́т	
черда́к	эта́ж	ли́фт		a few internal spaces
пло́щадь	ры́нок	у́лица	Арба́т	open outdoor spaces
като́к	куро́рт	мо́ре	своё по́ле	
во́здух	(ме́сто)	свет	пе́нсия	abstract
конце́рт	о́пера	пье́са	спекта́кль	events
матч	ле́кция	уро́к	рабо́та	
собра́ние	сва́дьба		похоро́ны	
Украи́на	Аля́ска	ро́дина		a few countries
Урал	Кавка́з	Алта́й		mountain ranges
Камча́тка	Ку́ба	Кипр	Гава́йи	islands

BASIC VERBS OF MOTION		ON FOOT	TRANSPORT	
	Multi-directional	ходи́ть	е́здить	impf.
	Uni-directional	идти́	е́хать	impf.
	Uni-directional	пойти́	пое́хать	pf.

see p14 for more example of Verbs of Motion

USEFUL LISTS

Masc nouns: -ý/-ю́ in Prep. Sing

(only after в/на)

в саду́	in the garden
в лесу́	in the wood
в году́	in (year)
на берегу́	on the bank/shore
в аэропорту́	at the airport
на льду́	on ice
в углу́	in the corner
на полу́	on the floor
в шкафу́	in the cupboard
в снегу́	in the snow
на мосту́	on the bridge
на балу́	at the ball
в порту́	in the port
в глазу́	in the eye
во рту́	in the mouth
на лбу́	on the forehead
в Крыму́	in the Crimea
на краю́	on the edge
в ряду́	in the row
в лугу́	in the meadow
в пруду́	in the pond
в бою́	in the battle

Masc nouns: -á in Nom. Pl

города́	towns
дома́	houses
вечера́	evenings
учителя́	teachers
глаза́	eyes
номера́	rooms, numbers
поезда́	trains
паспорта́	passports
голоса́	voices
острова́	islands
леса́	forests
луга́	meadows
меха́	furs
цвета́	colours
века́	centuries
адреса́	addresses
берега́	banks, shores

Masculine -ь nouns

писа́тель	writer
all -ель people	
апре́ль	
all -ь months	
день	day
у́ровень	level
па́рень	guy, boy
ка́мень	stone
кокте́йль	cocktail
автомоби́ль	car
фестива́ль	festival
кре́мль	fortress
спекта́кль	performance
алкого́ль	alcohol
стиль	style
мо́дуль	module
календа́рь	calendar
монасты́рь	monastery
рубль	rouble
дождь	rain
путь	way, path
гость	guest
слова́рь	dictionary
медве́дь	bear
зверь	wild animal
конь	horse
ла́герь	camp
паро́ль	password
кора́бль	ship
гель	gel
шампу́нь	shampoo
ко́рень	root
ого́нь	fire, flame
у́голь	coal
реме́нь	belt
но́готь	(finger)nail
гвоздь	nail
фона́рь	(street)lamp
руль	steering wheel
царь	tsar
коро́ль	king
князь	prince
госпо́дь	gentleman
секрета́рь	secretary
врата́рь	goalkeeper

Partitive genitives in -у/-ю

ча́ю	*(of/some)* tea
са́хару	*(of/some)* sugar
сы́ру	*(of/some)* cheese
су́пу	*(of/some)* soup
лу́ку	*(of/some)* onions
наро́ду	*(of/some)* people

Zero-ending masc. in Gen. Pl

раз	times
челове́к*	people
солда́т	soldiers
грамм	grams
боти́нок	(ankle) boots
сапо́г	boots

use after cardinal numbers, несколько

SURPRISING PAST TENSES

Verbs with no -л in masc past

verbs ending in:

	-чь
	-ти
	-зть
	-нуть
	-ереть
e.g	
мочь	мог, могла́
печь	пёк, пекла́
везти́	вёз, везла́
нести́	нёс, несла́
расти́	рос, росла́
лезть	лез, ле́зла
поги́бнуть	погиб, поги́бла
привы́кнуть	привы́к, привы́кла
исче́знуть	исче́з, исче́зла
замёрзнуть	замёрз, замёрзла
умере́ть	у́мер, умерла́
запере́ть	за́пер, заперла́

others...

идти́	шёл, шла
вести́	вёл, вела́
есть	ел, ела́
упа́сть	упа́л, упа́ла
ошиби́ться	оши́бся, оши́блась

SPACE FOR MORE GRAMMAR / LISTS / NOTES

SPACE FOR MORE GRAMMAR / LISTS / NOTES

It would be remiss not to mention at this point the huge debt the author owes to Terence Wade, who produced so many excellent books on Russian grammar. In the author's opinion, there is no better grammar book for students than **"Oxford Russian: Grammar and Verbs" by Terence Wade** (Oxford University Press), which was used to check and extend much of this grammar section.